KB017099

안중근의 동양평화론

안중근의 동양평화론

Ahn Junggeun's Vision for Peace

1판2쇄 발행 2019년 3월 26일

지 은 이	안중근
엮 은 이	이영옥
발 행 처	안중근의사기념관
옮 긴 이	손태수, 신현하, 김월배
펴 낸 이	김형근
펴 낸 곳	서울셀렉션㈜
편 집	이주화, 김희선
디 자 인	김지혜
등 록	2003년 1월 28일(제1-3169호)
주 소	서울시 종로구 삼청로 6 (우)03062
편 집 부	전화 02-734-9567 팩스 02-734-9562
영 업 부	전화 02-734-9565 팩스 02-734-9563
홈페이지	www.seoulselection.com

ISBN 978-89-97639-35-9 02910

책 값은 뒷표지에 있습니다.
잘못된 책은 구입하신 서점에서 바꾸어 드립니다.

안중근의 동양평화론

Ahn Junggeun's Vision for Peace in Four Languages

안중근 지음

차
례
Contents

만일 이때 일본이 패하고 러시아가 승리해서 담판하는 자리

를 워싱턴에서 개최했다면 일본에 대한 배상 요구가 여지

이처럼 약소했겠는가. 그러하니 세상일이 공평하지 않음을

이를 미루어 알 수 있다.

이는 다른 까닭이 아니라 지난날 동쪽을 침략하고 서쪽을 정벌

하던 러시아의 행위가 펴아프고 가증스러워 구미 열강이 각자

엄정중립을 지켜 서로 돕지 않았던 탓이다. 이처럼 환인종에게

패전당한 뒤 일을 매듭짓는 자리에서 어찌 같은 인종으로서의

정의가 없었겠는가, 이것은 인정세태의 자연스러운 형세이다.

슬프다. 그러므로 자연의 형세를 돌아보지 않고 같은 인종인

이웃 나라를 해치는 자는 끝내 따돌림을 받아 혼자가 되는

재앙을 결코 피하지 못할 것이다.

• 한국어, 영어, 중국어, 일본어 번역에서 내용이나 표현이 조금씩 다른 부분이 있을 수 있다. 한문으로 쓴 「동양평화론」 필사본(1979년 발견)과 예전 일본어로 쓴 「청취서」에는 오늘날 기준으로 이해하기 어려운 시대적 표현들이 있어 각 언어권 독자가 이해하기 쉬운 표현과 문장으로 번역하였기 때문이다. 안중근 의사 역시 독특한 문체와 난해한 표현들을 사용한 데도 그 이유가 있다 —역자주.

안중근의 평화사상

'평화', 아마도 인류역사상 가장 많이 회자한 용어일 것이다. 특히 현재는 이데올로기 갈등으로 한 치 앞을 내다볼 수 없었던 냉전 시기보다 '평화'를 외치는 소리가 더 높다. 오늘날 세계는 어느 곳이라 할 것도 없이 영토, 인종, 종교 등 다양한 이데올로기에 따라 분쟁과 갈등과 폭력이 그치질 않고 있기 때문이다.

일백 년 전 세계도 지금과 다르지 않았다. 과학기술에서 앞선 서구가 문명을 앞세워 동양을 잠식해 들어오던 시기였다. 아시아에서는 서구 문명을 일찍 받아들인 일본이 동아시아 여러 국가를 침략하던 때였다. 안중근은 1879년 유복한 명문가에서 태어났다. 그러나 집안의 총애를 한몸에 받고 자란 안중근도 나라에 밀어닥친 불행은 피할 수 없었다. 정의감이 남달랐던 대한 청년 안중근은 나라가 불의한 수단에 의해 쓰러져가는 것을 보며 대한의 주권을 앗아간 침략의 괴수로 이토 히로부미를 지목

한다. 이토는 아시아 지역의 평화를 교란하는 당사자이기에 그를 제거하는 것만이 대한의 독립을 되찾고, 아시아 지역에 평화를 다시 심는 길이라고 보았다.

1909년 10월 26일, 러시아 관할 하얼빈에서 이토를 저격한 후 안중근은 그 자리에서 체포되어 일본 관할인 뤼순 법원에서 사형선고를 받기에 이른다. 그는 체포 직후 일본 총영사관에서 취조를 받던 중에 이토가 대한의 자주권과 재산권 등 막중한 국권을 짓밟는 15개의 죄목을 범했노라고 당당하게 이유를 밝혀서 취조 검찰관을 놀라게 만들었다. 이후 감옥에서 5개월 동안 몇 차례의 심문과 재판이 초고속으로 열렸고, 일본은 1910년 2월 14일에 안중근에게 사형을 선고하였다. 안중근은 자신의 자字를 사용한 짧은 글 〈안응칠 소회〉에서 평화 평등사상의 이론적 근거를 이렇게 써두었다.

하늘이 사람을 내어 세상이 모두 형제가 되었다. 각각 자유를 지켜 삶을 좋아하고 죽음을 싫어하는 것은 누구나 가진 떳떳한 정이라. 오늘날 세상 사람들은 의례히 문명한 시대라 일컫지마는 나는 홀로 그렇지 않은 것을 탄식한다. 무릇 문명이란 것은 동서양, 잘난이, 못난이, 남녀노소를 물을 것 없이 각각 천부의 성품을 지키고 도덕을 숭상하여 서로 다투는 마음이 없이 제 땅에서 편안히 생업을 즐기면서 같이 태평을 누리는 그것이라.

안중근은 생명, 자유, 행복추구권 등을 언급한 미국 독립선언서에서 한 걸음 더 나아가 인간의 생명 존중과 인종이나 능력, 나이, 성별에 구애받지 않는 인간관으로 당대 선진국들의 살상 무기 개발과 무분별한 사용을 비판하고 있다. 선진국이 자연의 순리를 거역하며 갈등과 분쟁을 도모하는 가운데 특히 이토는 한국을 포함한 아시아의 수많은 청년을 살육하는 일에 앞장서니 차마 보고 있을 수 없었다는 것이다.

하얼빈에서 의로운 거사를 하고 뤼순에서 법정투쟁을 하면서 안중근은 저술 두 편을 남긴다. 하나는 일제가 요구한 『안응칠 역사』다. 이는 1909년 12월 13일에 쓰기 시작하여 93일 만에 마친 옥중 자서전이다. 또 하나는 안중근이 궁극적으로 쓰고자 했던 「동양평화론」이다.[1] 안중근은 일본이 기어코 자신을 사형에 처할 것임을 알고 자신이 꿈꾸던 평화로운 세상을 위한 방법론을 유서로 작성하려고 했다.

다른 한편으로 안중근은 히라이시 고등법원장에게 면담을 신청하였다. 사형선고 후 사흘째 되는 날, 즉 2월 17일에 이루어진 이 면담은[2] 안중근이 저술하고자 했던 「동양평화론」의 주

---

1 안중근의 저술, 즉 『안응칠 역사』와 「동양평화론」 일부 원본 등은 현재도 그 소재가 밝혀지지 않고 있다.

2 히라이시 뤼순고등법원장과의 면담은 일명 「청취서」로 기록되었으며, 본 책자에 주요 부분으로 수록되어 있다.

요 내용을 담고 있어 매우 중요하다.

본래「동양평화론」은 5부로, 서론과 전감前鑑, 현상現狀, 복선伏線, 문답問答으로 구성될 것이었다. 하지만 고등법원장의 약속과 달리 갑자기 집행된 사형으로 책은 서론과 전감 일부만 쓰여진 채 중단되었다. 그러나 이 짧은 서두는 그 자체로 당시 국제질서와 상황에 대한 안중근의 혜안과 통찰력을 보여준다. 그리고 고등법원장에게 피력한 평화 유지 방법론은 못다 쓴「동양평화론」의 요체를 이루고 있다.

지금까지 별도로 존재했던「동양평화론」의 서론 부분과 히라이시 법원장과의 면담을 기록한「청취서」를 함께 보면 청년 안중근이 일백여 년 전에 꿈꾸었던 평화로운 세계의 확립이 그렇게 불가능한 것이 아니라는 결론에 도달할 것이다.

안중근이 쓴「동양평화론」은 한문이고,「청취서」는 일본어로 기록되어 있어 현대 독자들이 이해하는 데 어려움이 있었다. 이번에 모두 현대어로 바꾸고 한국을 비롯한 세계 독자들을 위하여 한글과 영어, 일본어, 중국어로 번역하여 한 권의 책으로 묶어 출간하게 되었다.

이로써 1세기여 전에 아시아의 한 청년이 꿈꾸었던 평화가 어떤 것이었는지, 어떻게 아시아의 평화가 실현 가능한지, 또 그의 꿈을 현대에도 원용할 수 있는지 등을 고찰하며 시대를 거슬러 음미하는 재미를 느꼈으면 좋겠다.

각국의 현대어로 옮기는데 수고를 아끼지 않으신 영어의 손태수 성균관대 교수, 일본어의 신현하 경상대 명예교수, 중국어의 김월배 하얼빈이공대 교수께 특별히 감사의 말씀을 드린다. 그리고 이 모든 과정에서 고견을 주신 이태진 서울대 명예교수께도 머리 숙여 감사를 표하는 바이다.

　　또 번역의 적확성을 기하기 위해 각 언어별로 원어민 학자들에게 감수를 부탁드렸다. 이를 위해 수고해 주신 션 노만딘 성균관대 교수, 도리우미 유타카 박사, 왕젠런 전 뤼순감옥 부관장, 그리고 양수지 홍익대 교수께 존경과 감사를 드린다. 마지막으로 최초로 4개 언어로 편집한 『안중근의 동양평화론』을 흔쾌히 출간하여 주신 서울셀렉션 김형근 사장님과 편집부, 행정적 지원과 역사적 사실 확인을 위해 애써준 기념관의 이주화 학예팀장과 직원들에게도 감사하는 마음이 크다.

　　그리고 무엇보다 이 책을 통해 안중근의 평화사상을 영어 등의 세계 언어로 소개할 수 있어 뿌듯하고 무한히 영광스럽다.

2018. 10
안중근의사기념관 관장 이영옥

「동양평화론」과「청취서」

19세기 말, 20세기 초반은 약육강식의 제국주의 시대였다. 한국 같은 약소국은 그 제물이 되기 쉬운 시대였다. 실제로 서양 기술 문명을 먼저 받아들인 일본은 무력으로 한국의 국권을 빼앗았다. 일본의 이러한 행위는 어느 모로나 불의, 불법한 것이었다. 과연 이를 규제할 만한 힘이나 장치가 없던 시대였던가?

같은 시기 구미의 국제사회에는 제국주의 질주가 가져올 위기를 경계하여 이를 억제하기 위한 국제평화운동이 일어나고 있었다. 1900년에 미국의 철관왕 앤드루 카네기는 국제평화운동을 위해 4천만 파운드를 내놓았다. 이 돈을 운영하기 위해 1910년에 카네기 국제평화기금을 발족하였다. 기금은 첫 사업으로 헤이그에 평화궁을 짓고, 1913년에 문을 열어 국제평화운동의 중심이 되게 하였다. 다이너마이트 발명가로 많은 자산을 모은 스웨덴의 알프레드 노벨은 1896년에 자신이 모은 재산을

과학 3개 부문과 문학과 평화의 발전에 기여한 인물에게 상을 주는 데 써달라는 유언을 남겼다. 1900년 노벨상 재단이 만들어지고 이듬해부터 시상하였다. 다른 부문과 달리 평화상은 군비를 가장 적게 쓰는 이웃 나라 노르웨이 의회에 운영을 맡겼고, 적십자사를 창설한 앙리 뒤낭이 첫 수상자로 선정되었다. 노벨 평화상은 이후 국제평화에 기여한 인물 또는 기구를 수상자로 선정하면서 카네기 평화기금과 함께 평화운동의 중요성을 일깨우는 역할을 수행하였다. 이런 노력이 쌓여 1920년에 마침내 인류 역사상 최초, 최대의 평화유지 조직인 국제연맹이 탄생하였다.

구미의 국제평화운동은 멀리 떨어져 있는 동아시아에도 영향을 끼쳤다. 그러나 이곳에서는 서양 문명 수용에 가장 앞섰던 일본이 평화 이념을 왜곡하여 구미와는 전혀 다른 역사가 펼쳐졌다. 이토 히로부미를 비롯한 일본 정치가들은 일본제국의 침략정책을 호도하는 수단으로 구미의 국제평화운동을 이용하였다.

일본은 1890년대 중반 청일전쟁을 끝낸 뒤 다시 근 10년간 많은 돈을 들여 군비를 확장하여 1904년 2월에 러일전쟁을 일으켰다. 전쟁을 준비하는 도중에 서구에서 국제평화운동이 일어나자 일본 정치 지도자들은 자신들이 일으키는 전쟁은 동양 평화를 위한 것이라는 억설을 폈다. 동양 평화를 위해서는 동양

진출을 노리는 러시아와 싸우지 않을 수 없다는 것이었다. 이 전쟁을 끝낸 뒤, 전승을 배경으로 한국 외교권을 빼앗는 '보호조약'을 강제하여 침략성을 그대로 드러냈다.

한국 황제는 이 조약이 불법적으로 강요당한 것임을 국제사회에 알리기 위해 1907년 6월 네덜란드 헤이그에서 열린 제2차 만국평화회의에 특사 3인을 파견하였다. 일본 정부는 거짓과 비행이 드러나자 한국 황제를 강제로 퇴위시키고 거짓 조칙으로 한국 군대까지 해산하였다. 한국인들은 국내외에서 의병을 일으켜 일본의 불법 강제 행위를 규탄하면서 국권 수호를 위해 피나는 싸움을 벌였다.

1909년 10월 26일 안중근이 대한의군大韓義軍 특파대 대장으로서 하얼빈 철도정거장에서 한국 국권 탈취의 우두머리인 이토 히로부미를 처단한 것은 가장 빛나는 투쟁의 성과였다. 안중근은 '의거' 현장에서 '대한 만세'를 세 번 외쳤고, 5개월 뒤 1910년 3월 26일 사형 집행 현장에서는 '동양 평화'를 삼창하기 바랐지만 일본은 허락하지 않았다.

안중근의 평화사상을 전하는 기록으로 두 가지가 남아 있다. 안중근은 1910년 2월 14일 사형을 선고받자마자 법원장 면담을 요청하였다. 사흘 뒤에 이루어진 면담에서 자신이 구상하는 동양 평화 실현 방도를 말하였다. 통역이 면담 내용을 기록하여 「청취서聽取書」(일본어)라고 이름 붙인 것이 남아 있다. 다른 하나는 1910년 3월 18일경 자서전 『안응칠 역사』를 탈고한 뒤 바로 집필하기 시작한 「동양평화론」이다. 그는 집필을 끝낸 뒤 형장의 이슬이 되고자 하였지만, 3월 26일 조기 사형 집행으로 「동양평화론」은 미완의 유고로 남았다.

동아시아의 지식인이면 누구나 읽을 수 있도록 한문漢文으로 집필한 유고 「동양평화론」은 〈서序〉〈전감前鑑〉〈현상現狀〉〈복선伏線〉〈문답問答〉 등 다섯 절로 구상되었다. 그러나 〈서〉와 〈전감〉 두 절만 끝낸 상태이다. 나머지 세 절에 어떤 내용을 담으려 했는지는 알 길이 없다. 다만, 앞서 이루어진 면담에서 동양 평화를 위해 한국, 중국, 일본 세 나라가 해야 할 일을 구체적으로 언급한 것이 있어서 아쉬운 대로 대강을 유추해볼 수 있다. 이 밖에 신문訊問 기록 가운데도 간혹 관련된 것이 있지만 단편적인 내용에 불과하다. 따라서 「청취서」와 「동양평화론」 두 기록은 안중근의 평화사상을 알 수 있는 핵심 기록이다.

이번에 안중근의사기념관에서 안중근의 평화사상을 세계에 널리 알리기 위해 두 글을 한 자리에 모아 한국어, 영어, 중국어, 일본어로 번역하여 출판하기로 한 것은 매우 뜻깊은 일이다. 두 가지 가운데 나중에 쓰기 시작한 유고 「동양평화론」이 사상적인 내용을 담고 있다면, 「청취서」에는 구체적인 실현 방안이 피력되어 있다. 한 자리에서 두 글을 읽는다면 내용상 유고를 앞

세우는 것이 순리적이다.

「동양평화론」은 먼저 평화 추구의 당위성과 눈앞의 국제관계 형세를 설파하였다. 안중근은 동양이 문文만 숭상하다가 구미의 기계문명에 크게 뒤졌는데, 일본은 힘을 모아 빠르게 그것을 수용하여 국력을 키웠고 한주먹에 러시아를 꺾은 것은 놀라운 일이라고 높이 평가하였다. 러시아가 서쪽에서 여러 침략 행위를 했던 만큼 동쪽에 다시 군사기지를 두고 시설을 늘린 것은 한국, 중국 사람에게 의심을 살 만한 일이었다고 지적하였다. 그래서 일본이 러시아와 전쟁을 벌였을 때, 두 나라 사람들은 10년 전의 큰 원한이 있었지만 이를 덮어두고 일본을 지원하여 그 승리에 기여하였다고 하였다.

안중근은 일본 천황의 러시아에 대한 선전포고 조서에 동양평화를 위한 전쟁이란 것과 한국 독립을 보장한다는 것을 특별히 밝히고 있어 두 나라 사람들은 일본을 의심하지 않고 도왔다고 당시 상황을 부연 설명하기도 하였다.

이 상황에 대한 이해를 돕기 위해 그는 반대로 두 나라 사람들이 이 전쟁을 지난 원수를 갚는 기회로 이용하려 했다면 영국, 독일, 프랑스, 미국 등 다른 서양 나라들이 어떻게 하였을지 생각해 보라고 했다. 만약 그랬다면 이 나라들은 하나같이 해상에 많은 군함을 띄우고 병력을 동원하여 경쟁적으로 이권을 요구하여 동아시아는 결딴났을 것이 불을 보듯 하다고 하였다.

그러므로 러일전쟁에서 두 나라 사람들이 일본을 도운 것은 탓할 일이 아니며, 다만 그렇게 해서 전승국이 된 일본이 미국에서 열린 강화회의에서 패전국 러시아에 배상금을 한 푼도 받지 못하면서 한국 국권을 빼앗은 것은 동양 평화를 배반하는 불법한 일이라고 규탄하였다.

안중근은 이로써 일본은 러시아보다 더 심한 침략 국가가 되었으며, 모든 책임은 일본에 돌아갈 수밖에 없다고 단언하였다. 그리하여 자신은 하얼빈에서 일본에 대한 전쟁을 시작했고, 담판을 구하는 뤼순旅順에서 진정한 동양 평화의 의견을 제출하니 양식 있는 사람들이 이를 살펴주기를 바란다고 하였다. 한마디로 「동양평화론」은 세계 지성을 향한 성명서로써 그 논설은 명쾌하기 이를 데 없다. 그래서 미완의 글이지만 당대의 어떤 글보다도 읽는 이의 가슴을 찌른다.

「청취서」에 담긴 동양 평화 방략은 매우 참신하고 선진적이다. 그는 우선 영토는 주인이 바뀔 수 없는 것이므로 일본이 전승 대가로 차지한 다롄과 뤼순을 중국에 돌려주어야 한다고 말했다. 그다음, 이곳들을 한국·중국·일본 세 나라 동양 평화 실현의 중심지로 삼기를 제안하였다. 일본이 그토록 강조하였듯이 서양 백인 국가들이 동양을 위협한다면 세 나라가 공동으로 대처하는 것이 더 효과적이라고 하였다. 즉, 군사적으로 세 나라 청년들로 구성한 공동 군단을 만들어 뤼순에 본거지를 두는 한편, 구미 자본주의 경제 위협에 대처하기 위해 세 나라가 공동으로 사용하는 화폐를 발행하여 경제공동체를 만들자고 제안하였다. 이를 위해 필요한 은행은 다행히 세 나라 인구가 많으니 회원제로 돈을 모아 설립하면 어렵지 않다고 하였다. 그는 이 공동화폐제가 성공하면 태국, 인도로까지 확대하자고도 하였다. 이 공동화폐 통용을 통한 지역 경제공동체의 발상은 매우 독특한 것으로, 당대 구미의 어느 지식인도 언급하지 않은 것이다. 유럽연합(EU) 구상보다 반세기나 앞서는 것으로, 안중근의 높은 지식수준을 보여준다.

이토 히로부미 처단이란 사건 하나에 집중하면 안중근을 군사적인 인물로만 인식할 위험성이 높다. 그가 옥중에서 남긴 유묵 50여 점의 글귀가 입증하듯이 그는 동서 고전을 섭렵한 수준 높은 지식인이었다. 사형을 선고받은 날부터 50여 일 동안 거의 하루에 한 점씩 유묵을 쓰다시피 하였지만, 모든 문구는 그의 머릿속에서 바로 나왔다.

안중근은 평소 학문을 부지런히 닦은 지식인으로 교육을 통한 입국立國을 도모하다가 러일전쟁으로 국권을 위협받는 상황이 눈앞에 닥치자 연해주 대한의군 지휘관이 되어 독립전쟁에 앞장섰다. 그러던 중에 이토 히로부미의 하얼빈 방문 소식을 듣고 특파대 결성에 제일 먼저 자원하여 대장이 되어 처단에 성공하였다. 법정 투쟁에서 일본인 법관과 간수들이 내심으로 그를 존경하게 된 것도 높은 수준의 지식과 정의감에서 우러나는 그의 변설 때문이었다.

이 책의 간행으로 우리의 영웅 안중근을 '아주亞洲 제일 의 협義俠'을 넘어 당대 세계 최고의 지식인 및 평화사상가로 인식하는 계기가 되기를 기대한다.

안중근의 유묵 가운데 독서의 중요성을 일깨우는 것이 하나 전한다. "하루라도 책을 읽지 않으면 말이 거칠어진다. 一日不讀書 口中生荊棘"는 유묵이 그것이다. 책을 읽지 않아서 가시 돋친 말이 난무하는 세상은 탐욕의 세계일 수밖에 없다. 거기에서 과연 평화공존의 떳떳하면서도 숭고한 생각이 자랄 수 있겠는가. 독서에서 조국과 인류의 미래를 찾는 그의 정신세계는 참으로 깊으면서도 친근하여 영원한 영웅으로 받들어진다.

2018. 10
서울대 명예교수 이태진

동양평화론

목록

東洋平和論

• 「동양평화론」 원본 출처: 일본 국회도서관 헌정자료실 〈시치조 기요미 컬렉션七條淸美文書〉 중 「안중근 전기와 논설安重根傳記及論說」에 포함. 한문 필사본.
  一 「동양평화론」의 원본은 현재 그 소재가 불분명하여 부득이 일본인에 의한 한문 필사본 (1979년 발견)을 기초로 번역하였다.

• 「청취서」 원본 출처: 일본 외무성 외교사료관. 「이토공작 만주시찰 일건별책伊藤公爵滿洲視察一件別冊」에 포함. 일본어 원문.

대체로 합치면 성공하고 흩어지면 패한다는 것은 만고에 분명한 이치이다. 지금 세계는 동서로 나뉘어 있고, 인종도 각기 달라 서로 경쟁하는 것이 다반사이다. 농업·상업보다 무기를 더 많이 연구하여 기관총, 비행선, 잠수함 등 새로운 발명품들을 만들었지만 이는 모두 사람을 다치게 하고 사물을 파괴하는 기계이다.

청년들을 훈련해 전쟁터로 몰아넣고 수많은 귀중한 생명을 희생양처럼 버리니 피가 냇물을 이루고 살점이 땅에 질펀하게 널리는 일이 매일 그치지 않는다. 살기 바라고 죽기 싫어하는 것이 인지상정이거늘 밝은 세상에 이 무슨 모양인가. 말과 생각이 여기에 이르니 뼈가 시리고 심장이 서늘해진다.

근본을 따져보면 예로부터 동양 민족은 학문에만 힘쓰고 제 나라만 조심해 지켰을 뿐, 유럽 땅을 단 한 치도 침입해 빼앗은

적이 전혀 없음은 오 대륙 사람이나 짐승, 초목까지도 다 아는 일이다.

그런데 유럽 여러 나라는 최근 수백 년 이래 도덕심을 까맣게 잊었다. 경쟁하는 마음을 기르고 무력을 일삼으면서도 조금도 꺼리지 않으니, 그중 러시아가 더욱 심하다. 러시아의 폭력과 잔인함이 서유럽이나 동아시아 어느 곳이든 미치지 않는 곳이 없이 차고 죄가 넘쳐 신과 사람이 다 같이 분노하였다. 그 까닭에 하늘이 한 번 기회를 주어 동해의 작은 섬나라 일본이 이같이 강대한 나라 러시아를 만주 대륙에서 한주먹으로 때려눕히게 하였다.[3] 누가 이런 일을 헤아릴 수 있었겠는가. 이것은 하늘의 뜻에 따르고 땅의 보살핌을 얻은 것으로 인정人情에도 어울리는 일이다.

만일 당시 한국과 청 두 나라 사람 상하上下 모두 전날의 원수를 갚고자 일본을 배척하고 러시아를 도왔다면 일본이 어찌 대승 거둘 것을 예상이나 했겠는가. 그러나 한국과 청 두 나라 사람들은 이같이 행동할 생각도 없었을 뿐 아니라, 오히려 일본 군대를 환영하고 운수, 도로 정비, 정탐 등 힘들고 수고스러운 것을 잊고 힘써 주었다. 이것은 무슨 이유인가. 큰 이유 두 가지가 있다.

일본과 러시아가 전쟁을 시작할 때, 일본 천황은 선전포고 조

---

3 1904~1905년 러일전쟁을 말한다.

서에서 "동양 평화를 유지하고 대한 독립을 공고히 한다."고 했
다. 이 같은 대의가 밝은 대낮보다 더 밝았기에 한국과 청 사람
들은 지혜로운 이나 어리석은 이를 막론하고 한결같은 마음으
로 따른 것이 그 이유 중 하나이다.

하물며 일본과 러시아의 다툼은 황인종과 백인종의 경쟁이
라 할 수 있으므로 지난날 원수진 마음이 하루아침에 사라지고
도리어 하나의 큰 애종당愛種黨(같은 인종끼리 마음을 같이 하는
무리—옮긴이)을 이루었으니, 이것도 인정과 이치에 합당한 또
하나의 이유라 할 수 있다.

통쾌하고 장하도다. 수백 년 동안 악을 행하던 백인종의 선
봉을 북소리 하나로 크게 부수었도다. 참으로 천고千古에 드문
일이며, 세계가 기념할 업적이다. 당시 한국과 청 두 나라의 뜻
있는 이들이 하나같이 기뻐해 마지않은 것은 일본의 정략이나
일 처리가 동서양 천지가 개벽한 이래 가장 뛰어난 대사업이며
시원스러운 일이라 여겼기 때문이다.

슬프다. 천만뜻밖에도 일본이 크게 승리한 이후 가장 가깝
고 가장 친하며, 약하지만 어진 같은 인종 한국을 힘으로 눌
러 조약을 정하고,[4] 만주 창춘 이남을 조차租借를 빙자하여 점

---

4 1904년 통신·철도 등을 빼앗은 한일의정서韓日議定書와 1905년 외교권을 빼앗
은 을사늑약乙巳勒約을 지칭한다.

거하였다. 그 때문에 세계 모든 사람의 머릿속에 의심이 구름처럼 홀연히 일어나 일본의 명성과 정대正大한 공훈이 하루아침에 뒤집혀, 만행을 일삼는 러시아보다 더 못된 나라로 여기게 되었다.

슬프다, 용과 호랑이 위세로 어찌 뱀이나 고양이처럼 행동한단 말인가. 이렇게 좋은 기회를 어떻게 다시 찾을 수 있을까. 아깝고 통탄할 일이다.

'동양 평화'와 '한국 독립' 문제는 이미 전 세계 모든 나라 사람이 다 아는 사실이며 당연한 일로 굳게 믿었고, 한국과 청 두 나라들의 마음에 깊이 새겨졌다. 이와 같은 사상은 비록 하늘도 소멸시키기 어려울 것인데 하물며 한두 사람의 꾀로 어찌 말살할 수 있겠는가.

지금 서양 세력이 동양으로 침략의 손길을 뻗쳐오고 있는데, 이 환란을 동양 인종이 일치단결해서 힘껏 방어함이 최상의 방법임은 어린아이라도 다 알고 있다. 그런데 무슨 이유로 일본은 이러한 자연스러운 형세를 돌아보지 않고 같은 인종인 이웃 나라를 강제로 빼앗고 친구의 정을 끊어, 스스로 조개와 도요새가 서로 물고 물리는 형국이 되어 어부를 기다리듯 하는가. 한국과 청 두 나라 사람들의 소망이 완전히 끊어지고 말았다.

만약 일본이 정략을 고치지 않고 이웃나라들을 날로 심하게 핍박한다면 차라리 다른 인종에게 망할지언정 같은 인종에게

욕을 당하는 것은 참을 수 없다는 의론이 한국과 청나라 사람들의 마음 깊은 곳에서 용솟음쳐서 모두가 스스로 백인의 앞잡이가 될 것이 불을 보듯 뻔하다.

그렇게 되면 동양의 수억 황인종 가운데 수많은 뜻있는 이들과 울분에 쌓인 사람들이 수수방관하며 동양 전체가 까맣게 타 죽는 참상을 앉아서 기다릴 것이니 그래서야 어찌 되겠는가.

그래서 동양 평화를 위한 의로운 싸움을 하얼빈에서 시작하고, 옳고 그름을 가리는 자리는 뤼순구旅順口[5]에 정했다. 그리고 동양 평화에 관한 의견을 제출하니 여러분은 깊이 살펴 주시기 바란다.

1910년 경술庚戌 2월
대한국인 안중근
뤼순 옥중에서 쓰다

---

5 이 글에서 안중근 의사는 뤼순과 뤼순구를 혼용하였다.

예로부터 지금에 이르기까지 동서남북의 6대주 어디를 막론
하고 헤아리기 어려운 것은 대세가 뒤엎어지는 것이고 알 수 없
는 것은 인심이 변하는 것이다.

지난날(갑오년·1894년) 청일전쟁을 보더라도 그때 조선의 쥐새
끼 같은 도적 무리인 동학당東學黨의 소요[7]로 청과 일본 두 나라가
병력을 동원해 조선에 건너와 함부로 전쟁을 벌이며 충돌하였다.

청이 패하고 일본이 승승장구하여 랴오둥의 반을 점령하였
다. 험준한 요새인 뤼순을 함락시키고 청나라의 북양함대를 격
파한 후 시모노세키에서 담판을 열어 조약을 체결하여 타이완

6　앞사람이 한 일을 거울삼아 스스로를 경계함. 여기서는 지난 역사를 되새겨 일본
군국주의의 무모함을 경계하는 뜻.

7　안중근 의사는 동학농민운동이 청과 일본 등 외국 군대가 한반도에 개입할 명분을
주었다고 여겼다.

을 할양받고 2억 원을 배상금으로 받기로 하였다. 이는 일본의 메이지 유신 후 큰 기적이라 할 만하다.

청은 물자가 풍부하고 땅이 넓어 일본에 비하면 수십 배는 족히 되는데 어떻게 이렇게 패했는가. 예로부터 청나라 사람은 자신을 중화대국中華大國이라 일컫고 다른 나라를 오랑캐라 부르며 무척 교만했다. 더구나 권력을 가진 신하와 친족들이 국권을 마음대로 휘두르고 관료와 백성이 원수가 되어 위아래가 불화했기 때문에 이처럼 욕을 당한 것이다.

일본은 메이지 유신 이래로 민족이 화목하지 못하고 다툼이 끊이지 않았으나, 외교 분쟁이 생겨난 후에는 집안싸움이 하루아침에 그치고 힘을 합쳐 한 덩어리로 애국당愛國黨(같은 민족으로 마음을 같이하는 무리—옮긴이)을 이루었으므로 이 같은 승리를 올리게 된 것이다. 이것이 이른바 외인外人은 아무리 친해도 다투는 형제보다 나을 수 없다는 말이다.

이때 러시아가 한 행동을 기억해야 한다. 당시 러시아는 동양함대를 조직하고, 프랑스와 독일 두 나라와 연합하여 일본 요코하마 항구 해상에서 대규모 시위를 벌였다. 이에 일본은 랴오둥반도를 청에 되돌려주고 청은 내야 할 배상금이 줄어들었다.[8]

---

8 삼국간섭三國干涉(1895년에 일본이 청일전쟁의 결과로 얻은 랴오둥반도 영유권에 반대하여 러시아, 프랑스, 독일의 세 나라가 일본이 랴오둥반도를 청에 돌려주도록 압박한 사건)을 말한다.

그 밖으로 드러난 행동을 보면 가히 천하의 공법이고 정의라 할수 있다. 그러나 그 내용을 들여다보면 호랑이 심술보다 더 사납다. 불과 수년 만에 러시아는 민첩하고 교활한 수단으로 뤼순구를 조차한 후 군항을 확장하고 철도를 부설하였다.

이런 일의 근본을 따져 보면 수십 년 전부터 펑톈 이남 다롄 · 뤼순 · 뉴좡 등 바다가 얼지 않는 항구를 한 곳이나마 억지로 가지고 싶어한 러시아의 욕심이 불같고 밀물 같았다. 그러나 감히 손쓰지 못한 것은 영국과 프랑스 두 나라에게 톈진을 침략당한 청이 관둥의 각 진영에 신식 군사시설을 많이 설치했기 때문이다. 감히 손 쓸 마음을 먹지 못하고 끊임없이 침만 흘리면서 오랫동안 때가 오기를 기다렸다. 그러다가 지금에 이르러 계산이 들어맞은 것이다.

당시 뜻이 있고 안목을 갖춘 일본인이라면 누구라도 창자가 갈기갈기 찢어지지 않았겠는가. 그러나 이유를 따져보면 이 모두가 일본의 허물이다. 이것이 바로 구멍이 있으면 바람이 생기는 법이요, 자기가 먼저 치니까 남도 친다는 격이다. 만일 일본이 먼저 청을 침범하지 않았다면 러시아가 어찌 감히 이렇게 행동했겠는가. 제 도끼에 제 발등 찍힌 것이라 할 수 있다.

이로부터 중국 전체의 모든 사회 언론이 들끓었으므로 무술

변법[戊戌改變][9]이 자연스럽게 양성되는 듯했으나, 곧이어 의화단[義和團][10]이 들고 일어났으며 일본과 서양을 배척하는 대재난이 크게 일어났다.

그래서 8개국 연합군이 보하이 해상에 운집하여 톈진을 함락하고, 베이징으로 쳐들어갔다. 청 황제가 시안부로 피신하는가 하면 군인과 민간인 가릴 것 없이 상해를 입은 자가 수백만 명에 이르고 금은재화의 손해는 그 수를 헤아릴 수 없었다. 이 같은 참화는 세계 역사상 드문 일이자 동양의 큰 수치일 뿐 아니라 장래 황인종과 백인종 사이가 나뉘어 다툼이 그치지 않을 첫 징조였다. 어찌 경계하고 탄식하지 않을 것인가.

이때 러시아 군대 십일만 명이 철도 보호를 핑계로 만주 접경 지역에 주둔해 있으면서 끝내 철수하지 않았으므로 러시아 주재 일본 공사 구리노[栗野] 씨가 혀가 닳고 입술이 부르트도록 그 폐단을 주장하였지만, 러시아 정부는 들은 체도 하지 않았을 뿐 아니라 도리어 군사를 늘렸다.

슬프다. 일본과 러시아 두 나라 사이의 대참화를 끝내 벗어나지 못하였다. 그 근본 원인을 논한다면 궁극적으로 어디로 돌아가

---

9 1898년 캉유웨이, 량치차오 등에 의한 변법자강운동으로 백일 만에 실패로 끝났지만 그 영향은 지대하였다.

10 청일전쟁 후 제국주의 열강의 압력에 항거해서 1900년대에 중국 산둥성 여러 지역에서 표면화하여 베이징, 톈진 등지로 확대되었다. 반제국 반청 배외운동을 벌였다.

게 될 것인가. 이야말로 동양의 일대一大 전철前轍이 될 만하다.

당시 일본과 러시아 두 나라가 각각 만주로 출병할 때 러시아는 단지 시베리아철도로 팔십 만 군비를 실어 날랐으나, 일본은 바다를 건너 남의 나라[11]를 지나 네댓 군단과 군수품과 군량을 수륙 양면으로 보내 랴오허 일대에 수송했으니 비록 예정한 계획이었다고는 하지만 어찌 위험하지 않았겠는가. 결코 완전한 방책이 아니요, 참으로 마구잡이 싸움이라 할 수밖에 없다.

일본 육군이 잡은 길을 보면 한국의 각 항구와 싱징[12], 진저우만[13] 등지에 상륙하였으니 사오천 리를 이동하며 겪었을 수륙水陸의 괴로움은 말하지 않아도 짐작할 수 있다.

이때 일본군이 연전연승은 했지만 여전히 함경도를 벗어나지 못했고, 뤼순구도 아직 격파하지 못했으며, 펑톈에서도 이기지 못했다.

만약 한국의 관민이 일치하여 한 목소리로 일본인이 을미년(1895년)에 한국 명성황후明成皇后 민씨閔氏를 무고히 시해했으니 그 원수를 이 기회에 갚아야 한다고 사방에 격문을 띄우고 일어났다면, 함경·평안 양도 사이에 있던 러시아 군대가 예상

---

11 대한제국을 말한다.
12 선양沈阳에 대한 청나라 때의 호칭.
13 랴오둥반도와 보하이만 유역의 진저우金州시를 말한다.

치 않은 곳에서 오가며 생각지 못한 곳을 공격하여서 일본군과 전후좌우로 충돌하고, 청 또한 위아래가 협동해 지난날 의화단 때처럼 들고일어나 갑오년(1894년)의 묵은 원수를 갚겠다면서 베이징 일대 사람들이 폭동을 일으키고 허실을 살펴 방비 없는 곳을 공격해 가이핑·랴오양 방면으로 유격 기습을 벌이며 싸우고 지켰다면, 일본군은 남북이 분열되고 앞뒤로 적을 맞아 중심과 주변 모두 곤경에 처하는 어려움을 면하기 쉽지 않았을 것이다.

만일 이 지경에 이르렀다면 뤼순, 펑톈 등지의 러시아 장졸들은 예기鋭氣가 높아지고 기세가 배가해서 앞뒤로 가로막고 좌충우돌했을 것이다. 그랬다면 일본군 세력이 머리와 꼬리가 닿지 않아 군수품과 군량미를 이어댈 방법 찾기가 매우 어려웠을 것이다.

그렇게 되었다면 야마가타 아리토모[14]와 노기 마레스케[15]의 방책과 계략은 분명히 무산되었을 것이고, 또한 이때 청 정부와 주권자들의 야심도 폭발해서 묵은 한을 갚는 시기를 놓치지 않

---

14 山縣有朋(1838~1922) : 청일전쟁 당시 일본 제1군사령관으로 무공을 크게 세우고 이토 히로부미에 이어 두 차례나 내각총리대신을 역임하였다.

15 乃木希典(1849~1912) : 청일전쟁 당시 일본 육군중장으로 제2사단장으로서 타이완을 점령하고 총독이 되었다. 러일전쟁 때는 육군대장 제3군사령관이 되어 수만의 병력을 희생하면서도 뤼순 점령에 성공하고 펑톈까지 진출하여 러시아와 싸웠다.

왔을 것이다.

이른바 '만국공법萬國公法'이나 '엄정중립嚴正中立' 같은 말들은 모두 근래 외교가의 교활한 속임수이니 언급할 바가 못 된다. 군사 행동에서는 적을 속이는 것을 꺼리지 않거나, 의외의 허점을 치고 나가는 것을 전략가의 묘책이라고 말하면서, 청의 관민이 하나가 되어 명분 없이 군사를 동원하여 일본을 배척하는 상태가 무척 극렬했다면, 동양 전체를 휩쓸 백년 풍운百年風雲을 어찌할 뻔했는가.

만일 이와 같은 지경이 되었다면 유럽 열강이 뜻밖에 좋은 기회를 얻었다며 각기 앞을 다투어 군사를 출동시켰을 것이다. 그때 영국은 인도, 홍콩[16] 등지에 주둔하고 있는 육군과 해군을 병진시켜 웨이하이웨이[17] 방면에 집결시켜 놓고는 분명히 강경한 수단으로 청 정부와 교섭하고 추궁했을 것이다.

또 프랑스는 사이공과 마다가스카르[18]에 있는 육군과 군함을 일시에 지휘해서 아모이 등지로 모여들게 했을 것이고, 미국, 독일, 벨기에[19], 오스트리아, 포르투갈, 그리스 등의 동양 순

---

16 당시 영국령.

17 산둥반도에 위치한 군항.

18 당시 프랑스령.

19 원문은 '義國'으로 벨기에白耳義와 이탈리아義大利가 모두 해당하나, 당시 동양 함대를 가지고 있었던 것은 벨기에이므로 문맥상 벨기에를 뜻한다.

양함대는 보하이해상에서 연합하여 합동조약을 미리 준비하여 이익을 서로 나누길 바랐을 것이다.

그렇게 되면 일본은 어쩔 수 없이 밤새워 전국의 군비와 국가의 모든 재정을 편성한 뒤에 만주, 한국 등지로 곧바로 수송했을 것이다.

청은 격문을 사방으로 띄워 만주, 산둥, 허난, 찡샹 등지의 군대와 의용병을 아주 급히 소집해 용과 호랑이가 다투는 형세로 일대 풍운을 자아냈을 것이다. 만약 이러한 형세가 벌어졌다면 동양의 참상은 말로 하지 않아도 상상하고 남음이 있다.

이때 한국과 청 두 나라는 그렇게 하지 않았을 뿐만 아니라 오히려 약장約章을 준수하고 털끝만큼도 움직이지 않아 일본이 만주 땅 위에서 위대한 공훈을 세우게 했다. 이를 보면 한국과 청 두 나라 인사의 개명開明 정도와 동양 평화를 희망하는 정신을 충분히 알 수가 있다. 그러니 동양의 뜻있는 인사들의 깊은 생각과 헤아림은 가히 훗날의 모범이 될 것이었다.

그런데 러일전쟁이 끝날 무렵, 강화조약[20] 성립을 전후해서 한국과 청 두 나라의 뜻있는 인사들의 수많은 소망이 모두 잘려버렸다.

당시 일본과 러시아 양국 전쟁의 형세를 논한다면 개전 이

---

20 1905년 9월 4일 체결된 포츠머스조약.

후로 크고 작은 교전이 수백 차례였으나, 러시아 군대는 연전 연패로 상심 낙담하여 멀리서 적을 보기만 해도 싸우지 않고 달아났다.

일본 군대는 백전백승 승승장구하여 동으로는 블라디보스토 크 가까이 이르고 북으로는 하얼빈에 육박하였다. 사세가 여기까지 이르렀으니 기회를 놓칠 수 없었다. 이왕 벌인 일이니 비록 전 국력을 기울여서라도 한두 달 동안 사력을 다해 나아가 공격하면 동으로 블라디보스토크를 차지하고 북으로 하얼빈을 격파하는 것은 불을 보듯 뻔한 형세였다.

만약 그렇게 되었다면 러시아의 백년대계는 분명히 하루아침에 흙이 무너지고 기와가 깨어지는 모습이 되었을 것이다. 그런데 무슨 이유로 그렇게 하지 않고 은밀히 구구하게 먼저 강화를 청해 화근을 뿌리째 뽑아버리지 않았는지 가히 한탄스러운 일이다.

게다가 일본과 러시아의 강화 담판을 보더라도 천하에 어떻게 워싱턴을 장소로 정했단 말인가?[21] 당일 형세가 비록 미국이 중립을 지켜 편파적인 마음이 없었다지만, 짐승이 다툴 때도 오히려 주객의 형세가 있는 법인데 하물며 인종의 다툼에 있어서랴. 일본은 전승국이고 러시아는 패전국인데 일본이 어찌 제 본

21　실제로는 미국 포츠머스에서 조약이 체결되었다.

뜻대로 정하지 못했는가. 동양에서는 마땅히 알맞은 곳이 없어서 그랬단 말인가.

고무라 주타로小村壽太郎 외상이 구차스레 수만 리 밖 워싱턴까지 가서 강화조약을 체결할 때 사할린 절반을 벌칙조항에 넣은 일은 혹 그럴 수도 있어 이상하지 않지만, 한국을 그 가운데 집어넣어 우월권을 갖겠다고 한 것은 근거도 없고 합당하지도 않은 처사이다.

지난날 시모노세키조약[22] 때는 본시 한국은 청의 속방屬邦이므로 그 조약 중에 간섭이 반드시 있게 마련이지만, 한국과 러시아 두 나라 간에는 처음부터 관계가 없는 터인데 무슨 이유로 그 조약에 들어가야 한단 말인가.

일본이 한국에 대해 이미 큰 욕심을 가지고 있었다면 어찌 자기 수단으로 마음대로 하지 못하고 이와 같이 유럽 백인종과의 조약 중에 끼워 넣어 영원히 문제가 되도록 하였단 말인가. 도무지 어이없는 처사이다. 또 이미 중재의 주역이 된 미국 대통령도 한국이 구미 사이에 놓인 것을 보고 분명히 몹시 놀라고 좀 괴이하다고 생각했을지라도, 같은 종족을 아끼는 의리로 일을 처리했을 리는 만무하다.

또한 미국 대통령은 노련한 수단으로 고무라 주타로 외무상

---

22 청일전쟁 후 이토 히로부미와 리훙장이 일본 시모노세키에서 맺은 조약.

을 농락하여 약간의 섬 지역과 파손된 배와 철도 등 남은 물건을 배상으로 나열하고는 거액의 벌금은 모두 없애버렸다.

만일 이때 일본이 패하고 러시아가 승리해서 담판하는 자리를 워싱턴에서 개최했다면 일본에 대한 배상 요구가 어찌 이처럼 약소했겠는가. 그러하니 세상일이 공평하지 않음을 이를 미루어 알 수 있다.

이는 다른 까닭이 아니라, 지난날 동쪽을 침략하고 서쪽을 정벌하던 러시아의 행위가 뼈아프고 가증스러워 구미 열강이 각자 엄정중립을 지켜 서로 돕지 않았던 탓이다. 이처럼 황인종에게 패전 당한 뒤 일을 매듭짓는 자리에서 어찌 같은 인종으로서의 정의情誼가 없었겠는가. 이것은 인정세태의 자연스러운 형세이다.

슬프다. 그러므로 자연의 형세를 돌아보지 않고 같은 인종인 이웃 나라를 해치는 자[23]는 끝내 따돌림을 받아 혼자가 되는 재앙을 결코 피하지 못할 것이다.[24]

---

23 일본을 가리킴.

24 안중근 의사는 여기까지 쓰다가 나머지는 집필하지 못한 채 1910년 3월 26일 사형당했다.

Notes ───

• 「청취서」는 안중근 의사가 지금으로부터 100여 년 전인 1910년 2월 17일에 히라이시
뤼순고등법원장과의 면담 내용을 일본인 서기가 기록한 것이다.

청취서

살인범피고인

안중근

[위 피고인 안중근은 지방법원 판결에 대한 항소 여부를 정하기 전에 고등법원장에게 말하고 싶은 것이 있다고 형무소장을 통해 요청했으므로 고등법원장은 촉탁 통역인 소노키 스에키圖木末喜에게 통역을 맡기고 그를 만나자 피고는 다음과 같이 진술했다.]

— 나의 살인 피고사건에 대한 지방법원 판결에 이해되지 않는 점이 있어, 먼저 이 부분부터 말하겠다.

— 나는 원래 이토 히로부미[25]를 만난 적이 없다. 그런데도

25 일본인 서기가 작성한 「청취서」 원본에는 '이토 공'이라는 존칭으로 썼지만, 실제 안 의사의 진술에서는 '이토'를 원수로 지목하고 있으므로 문맥상 번역본에서는 이를 삭제하였다.

그를 죽인 것은 나라를 위해서 한 일이었으며 결코 한 개인 자격으로 한 것이 아니었다. 그러므로 본 건은 단지 한 살인범을 심리하는 문제가 되어선 안 된다. 따라서 이 재판은 합당하지 않은 것으로, 받아들일 수 없다.

— 일한 5개조(1905년 보호조약-옮긴이) 및 7개조(1907년 한일협약-옮긴이) 협약은 한국 황제를 비롯해 한국의 온 국민이 원해서 체결한 것이 아니다. 일본이 병력의 위압으로 강제로 체결시킨 것이다. 그러므로 우리는 의병을 일으켜 이에 반대하고, 이토 히로부미를 죽이게 되었다. 만약 이번 재판에 승복한다면 이 협약에 동의하는 바가 되므로 이 점에서도 불만이다.

— 내가 한국의 의병중장으로서 일한 것은 일본인도 인정한다. 일본 군대 및 경찰관도 안응칠(安応七, 안중근의 자)이라는 자가 함경북도와 러시아 경내에서 한국을 위해 일한 것을 인정하고 있다. 이번 행위도 그 자격으로 행한 것이니 포로로 취급받아야 한다. 따라서 국제공법이나 만국공법을 적용해야 하니 뤼순 지방법원에서 심리하여 판결을 내리는 것은 매우 부당한 일이며, 한일협약에도 위배되는 것이다. 가령 내가 이번 재판에 승복하여도, 각 나라는 일본을 야만국이라며 비웃을 것이다. 이러한 이유에서도 이번 판결에 불복하지 않을 수 없다.

― 이토 히로부미가 통감으로서 한국에 부임할 때 한국을 위한 것이라고 얘기했지만, 이는 단지 각 나라를 향한 핑계일 뿐 그 진의는 완전히 달랐다. 그 증거로 예를 들면, 한일협약을 체결한 이완용 같은 놈은 한국인 모두가 개만도 못한 놈으로 취급하며 그 이름을 입에 담기조차 수치스러워하고, 이토를 적대시한다. 이토를 살려 두면 동양 평화를 해칠 뿐이다. 동양의 한 구성원으로서 나는, 이런 악당을 제거하는 일이 의무라고 믿고 죽인 것이다. 따라서 나를 한낱 살인범으로 처분하는 것은 대단히 잘못된 일이다. 또한 몰상식도 유분수지 나를 악당이라 부르는 자가 있는 것은 참으로 개탄할 일이니 이 점에서도 불만이다.

― 이토 히로부미는 사리사욕을 채우려 행동해왔다. 이토는 일본 천황의 위덕을 덮어버리고 해하는 악인이다. 지난번 공판정에서 검찰관은, 이토가 현재 통감이 아니어서 그를 죽이는 것은 개인적 원한이라고 했지만, 그것은 틀렸다. 이토는 통감을 사임한 후에도 여전히 여러 방면에서 간섭하고, 합병 문제까지 일으켰다. 나는 결코 개인적 원한이나 한 개인으로서 이토를 죽인 것이 아니다.

― 이토 히로부미는 한국의 위아래 백성 모두가 행복해하며 만족해한다고 세계에 선전하지만 이는 사실과 다르다. 제대로

볼 줄 아는 사람은 반드시 진실을 헤아릴 것이다. 한 예를 들자면, 한국 고종 황제는 총명하시므로 이토가 마음대로 황제를 좌우할 수 없어 입장이 불리해지자 고종 황제를 폐하고 이에 뒤떨어지는 현 황제를 세웠다. 한국인은 개국 이래 다른 나라를 침략하려 한 적이 없는, 즉 무武의 나라가 아니라 문文의 나라이며 선의의 민족이다. 그런데도 이토는 한국을 침략하여 자기 뜻대로 지배하려 했으며 유능한 모든 자를 살해했다. 이런 자를 살려 두면 동양 평화를 해치게 되므로 나는 동양 평화를 위해 그를 이 세상에서 제거한 것이지, 개인 자격으로 한 것이 아니다.

— 여러 번 주장했지만 러일전쟁 개전 당시 일본 황제는 선전 조서에 한국 독립을 강고하게 한다고 적었으며, 또한 한일협약에도 같은 내용이 쓰여 있다. 그런데도 이토 히로부미는 한국 군부를 폐지하는 동시에 일본이 사법권을 이어받게 하더니 행정권까지도 탈취하려고 한다. 이는 '한국 독립' 운운한 것과는 상반되며, 한국 황실의 존엄을 유지한다는 것도 말만 그렇지 속은 그렇지 않다. 러시아와 일본 전역에서 일본 청년 수만 명이 목숨을 잃었고, 한일협약이 성립될 때도 수많은 인명을 잃었다. 이는 모두 이토의 정책이 좋지 않았기 때문에 생긴 것이다. 이러한 악당을 제거했는데 왜 지나치게 무거운 처벌을 받아야 하는가? 마치 큰도적을 용서하고 좀도둑을 처벌하듯 참으

로 부당하다.

— 세상 사람은 이토 히로부미를 20세기 영웅 또는 위대한
인물로 칭찬하고 있지만, 나는 그가 지극히 작은 자이며 간악무
도한 놈이라고 본다. 청·일, 러·일, 한·일 모든 관계에서 이토
의 정책은 합당치 않아 탄환이 날아들지 않는 날이 하루도 없었
다. 하늘을 따르는 자는 흥하고 하늘을 거역하는 자는 망한다
는 속담이 있다. 러일 선전 조칙에 한국의 독립을 공고히 한다
는 내용이 있고, 이는 하늘의 뜻을 받은 것으로 일본 황제의 높
은 뜻이라고도 생각한다. 개전 당시에는 아무도 일본의 승리를
예측한 사람이 없었다. 그런데도 승리한 것은 하늘 뜻에 따르면
흥한다는 이치에도 맞는 것 같다. 이토는 일본 황제의 높은 뜻
에 어긋나는 정책을 취했기에 오늘날 이처럼 일본과 한국을 궁
지에 빠뜨렸다. 너무 강하면 부러진다는 말이 있다. 이토의 행
위는 간악무도하고 너무 강하다. 그것은 인심을 따르지 않았을
뿐만 아니라 도리어 반항심을 불러일으켰다.

— 이토 히로부미의 정책은 어쩔 수 없이 내놓은 것임을 나
도 이해는 한다. 오늘날 일본은 재정 상황이 매우 심각하여 재
정 결손을 메우기 위해 청과 한국 두 나라에 똑같은 정책을 쓰
고 있다. 그러나 그것은 잘못이다. 마치 자기 살을 찢어서 허기

를 견디려는 것과 같아, 일시적으로 굶주림은 면할지라도 다음에 더 큰 고통이 올 것을 모르고 한 일이므로 양심 있는 사람들 가운데 이토의 정책을 비웃지 않는 자는 없다.

일본의 동양에서의 지위는 인체에 비유하면 마치 머리와 같다. 그러므로 국제간 문제를 조심스럽게 다루지 않으면 안 된다. 그런데도 이토의 정책을 두고, 국제 정세에 어두운 한국인은 물론, 러시아·청·미국 각 나라도 일본을 응징할 기회가 올 때만을 기다리고 있다. 오늘 그것을 바꾸지 않으면 일본은 머지않아 큰 화를 입게 될 것이고, 각 나라에 동양 평화를 교란한 책무를 지지 않으면 안 될 것이다.

일본은 동양 평화에 대해서는 어쨌든 책임을 면할 수 없다. 허물이 있으면 고치기를 꺼리지 말아야 한다는 금언이 있다. 만약 내가 일본의 책임자라면 취해야 할 정책에 관해 의견이 있다. 지금 그것을 진술하면 악영향을 끼칠 수도 있으니 여기에서는 진술하지 않겠다.

지금까지 동양 평화를 둘러싼 정세를 말했는데, 이 역시 이번의 내 행위가 죄가 되지 않는 이유이다.

[고등법원장은 피고가 가슴에 품은 정책이 어떤 것인지 물었다.]

— 내가 생각하는 정책을 말해도 지장이 없다면 말해보겠

다. 내 의견이 어리석다며 웃음을 살지도 모르겠지만, 어제오늘 생각한 것이 아니고 몇 년 전부터 생각해온 것이다. 내가 지금 말하는 정책을 실행한다면 일본은 태산같이 평안하고 태평하여, 여러 나라로부터 대단한 명예를 얻게 될 것이다.

패권을 장악하려면 비상수단을 취해야 한다. 일본이 벌여온 정책은 20세기에는 심히 만족스럽지 못했다. 즉 이전에 여러 나라에서 사용한 방법을 흉내 내었는데, 바로 약소국을 쓰러뜨리고 그 나라를 병탄하려는 방법이었다. 이러한 방법으로는 결코 패권을 장악할 수 없다. 지금까지 세계열강이 하지 않았던 일을 해야 한다.

이제 일본은 일등 국가로서 세계열강들과 어깨를 나란히 하여 나아가고 있지만, 급한 성질은 일본의 결점이며 일본을 위한다면 삼가야 할 점이다.

— 일본이 해야 할 급선무로 첫 번째는 재정 정리이다. 재정은 인간으로 치면 건강이므로 재정을 육성하여 나라 건강을 튼튼하게 만드는 것이다. 두 번째는 세계열강의 신용을 얻는 것이다. 오늘날 일본은 신용을 얻지 못하고 있다. 세 번째는 먼저 언급한 바와 같이, 각 나라가 일본의 틈을 엿보며 기회를 노리고 있으므로 거기에 대응하는 방법을 염려하지 않으면 안 된다.

이 3대 급선무를 해결하는 완전한 방법은 무엇인가? 내 생각에는 쉬운 일이다. 전쟁이나 아무것도 필요하지 않다. 단 하나, 마음을 고쳐먹어야 한다. 일을 시작하는 방법의 하나는 이토의 정책을 바꾸는 것이다. 이토의 정책은 전 세계의 신용을 잃게 하며 한일협약 같은 정책은 상대방이 기꺼이 받아들이기는커녕 도리어 반항심을 부추기며 상대를 도발하는 것에 지나지 않는다. 얻는 것이 전혀 없다.

일본·한국·청은 형제국가이므로 서로 지극히 친밀하게 지내야 한다. 오늘날 상황은 형제 사이가 나빠 싸우는데, 한 사람이 남에게 도움을 바라는 모습 같다고 할 수 있다. 그것은 세계 곳곳에 형제간 불화를 드러내 알리는 것과 같다.

일본이 지금까지 해온 정책을 바꾸겠다고 세계에 발표하는 일은 매우 치욕스러울 수 있겠지만, 그것 또한 감수하고 가야 할 일이다.

이를 위한 새로운 정책으로 뤼순을 개방하여 일본·청·한국의 군항으로 두고 이 세 나라의 능력 있는 자들을 그 땅에 모아 평화회平和會 같은 모임을 조직하여 세계에 공표하는 것이다. 이는 일본이 야심이 없음을 보여주는 것이다. 뤼순을 일단 청에 돌려주고 평화의 근거지로 삼는 것이 가장 합당한 책략이라고 믿는다.

패권을 장악하려 한다면 비상수단이 필요한데, 바로 이 점이다. 뤼순의 상처가 일본에는 고통이 되겠지만 결과적으로는 오히려 이익을 안겨다 줄 것이다. 세계 각 나라는 이 슬기로운 결정에 감탄하여 일본을 칭찬하고 신뢰할 것이며, 일본·청·한국은 평화와 행복을 영구히 얻을 것이다.

또 재정 정리를 위해 뤼순에 동양평화회를 조직해 회원을 모집하고 각 회원에게서 1엔을 회비로 징수하는 것이다. 일본·청·한국 국민 수억이 이에 가입하리라는 것은 의심의 여지가 없다. 은행을 설립해 각 나라가 공유하는 화폐를 발행하면 반드시 신용을 얻게 되니 금융은 자연스럽게 돌아갈 것이다. 중요한 지역마다 평화지회를 마련하는 동시에 은행 지점을 두기로 한다. 이렇게 하면 일본의 금융은 비로소 원만해지고 재정도 완전해질 것이다.

뤼순을 경비하기 위해 일본 군함 5, 6척을 뤼순 항에 계류해둔다. 이상과 같이하면 뤼순을 돌려주어도 일본이 영유한 것과 조금도 다르지 않을 것이다.

— 이상의 방법으로 동양 평화는 완전해지지만, 세계열강에 대비하려면 무장을 해야 한다. 일본·청·한국 세 나라로부터 각 대표를 파견해 이를 담당하게 하고, 세 나라의 강건한 청년을 모아서 군단을 편성한다. 청년들에게 각각 두 나라 언어를 배우게 하면 어학의 진보에 따라 형제 나라라는 관념이 강고해질 것이다.

이렇게 일본이 위대한 태도를 세계에 보여준다면 세계는 탄복하며 일본을 숭배하고 경의를 표하게 될 것이다. 가령 일본에 대해 야심을 가진 나라가 있다 한들 기회를 얻기가 어려워질 것이다. 이렇게 하여 일본은 수출이 점점 많아지고 재정도 풍부해져 태산 같은 안정을 얻게 될 것이다. 청·한국 두 나라 모두 그 행복을 누리고, 또 여러 나라에 모범을 보일 것이다. 물론 청·한국 두 나라는 일본을 주인으로 우러러볼 것이므로 경쟁하지 않더라도 상공업 패권이 일본에 돌아오게 된다. 만주 철도 문제에서 파생한 분쟁 같은 것은 꿈에서마저 볼 수 없게 된다.

이렇게 되면 인도·태국·베트남 등 아시아 여러 나라는 자처해서 가맹을 신청할 것이고, 일본은 앉은 채 동양을 손아귀에 넣게 된다.

— 은殷나라가 망할 즈음 여러 나라는 주周나라 황제를 옹립하여, 드디어 주나라는 천하의 패권을 쥐었다.

오늘날 세계열강이 도저히 해낼 수 없는 것이 있다. 나폴레옹 시대까지는 가톨릭 교황으로부터 왕관을 받아 왕위에 올랐다. 그러나 나폴레옹이 그 제도를 파괴하여 그 이후 이를 할 수 있는 사람이 없었다.

일본이 이런 식으로 패권을 장악한 후 일본·청·한국의 황제가 로마 가톨릭 교황과 대면하여 맹세하고 왕관을 쓰면 세계는 무척 경탄할 것이다. 현재 가톨릭교는 세계 종교의 삼 분의 이를 차지하고 있다. 세계 삼 분의 이에 해당하는 민중에게서 신용을 얻게 되면 그 세력은 어마어마할 것이다. 만약 이들이 반대한다면, 일본이 아무리 강국이어도 어떻게 할 도리가 없다.

— 한국은 일본 손안에 있으므로 일본의 방침에 따라 어떻게도 될 수 있다. 그러므로 일본이 위에 말한 바와 같은 정책을 취한다면 한국도 그 여경餘慶(남에게 좋은 일을 많이 한 보답으로 뒷날 그 자손이 받는 경사—옮긴이)을 입게 될 것이다.

— 또 일본을 위해서 개탄을 금치 못 하는 것이 있다. 러일전쟁 당시는 "해가 나니 이슬이 사라졌다日出露消"(해는 일본, 이슬은 러시아를 비유—옮긴이)고 일컫는 일본의 전성시대였다. 그러나 오늘 청과 한국인은 "날로 차갑게 바뀐다日冷日異"고 한다. 이는 일본이 쇠망한 상태임을 말하는 것이니, 일본이 크게 주의를 기울여 정책을 행하지 않으면 회복할 수 없는 역경에 빠지고 말 것이다. 이 점은 일본 당국이 반성해야 한다.

[여기서 고등법원장은, 피고가 의견을 내더라도 법원은 피고를 단지 살인범으로 취급할 뿐이므로 피고의 의견을 배려하거나 그에 맞는 특별한 절차를 취할 수 없다고 말하니, 피고는 그 뜻을 이해했다.]

— 나는 처음부터 목숨을 걸고 국가를 위해 힘을 다할 생각이었으니 이제 와서 죽음을 두려워하여 항고抗告를 신청하지 않겠다. 지금 옥중에서 동양 정책 및 나의 전기를 쓰고 있으니 단지 이것을 완성하고 싶다. 또 홍(프랑스인, 홍석구洪錫九) 신부님이 한국에서 나를 만나러 온다고 하니 면회할 기회를 얻고 싶다. 따라서 내 형의 집행은 내가 믿는 가톨릭교에서 기념해야 할 오는 3월 25일까지 유예해 주기를 탄원한다.

위와 같이 기록하다.

메이지43년(1910년) 2월 17일

관동도독부 고등법원 서기 다케우치 시즈에 竹內静衛

Meanwhile, the US President manipulated Japanese Foreign Minister Komura Jutaro in an experienced and crafty manner and listed the remaining issues—including some small fragments of islands, damaged ships, and railways—for war indemnities to be paid by Russia to Japan while greatly reducing the bulk of the indemnity. Had the negotiation table been set in the United States after Japan was defeated by

Russia, Japan would have had to come up with a very substantial indemnity. Thus, from these and other cases, we can only guess that human affairs are biased. When Russia made inroads into the eastern areas and occupied the western regions, the Western superpowers were greatly opposed to this, remained neutral, and did not help Russia. Once Russia had been defeated by the Yellow race and a settlement was being made, it would be natural that the Western superpowers would show friendship to a member of the same race. This is the way of the world and the people's sentiments. Alas! A country that does not care about a natural law of compassion among the same ethnic groups and damages a neighboring country of the same race will not avoid the punishment of being isolated in the end.

Translation ————————————————————————
Tae-soo Sohn
- Adjunct Professor, the Graduate School of Translation-TESOL, Sungkyunkwan University

Supervision ————————————————————————
Shawn Normandin
- Associate Professor of English Literature, Sungkyunkwan University

A JAPANESE "CAUSE CÉLÈBRE"
THE TRIAL OF PRINCE ITO'S MURDERER. By Charles Morrimer.

"AN," THE MURDERER

The Japanese, when they tried Prince Ito's murderer, stood in a blaze of lime-light over half the world. They knew it perfectly well. The case proved even more than a *cause célèbre*; it proved a test case—and Japan's motives civilisation was as much on trial as any of the prisoners.

Small wonder, then, that the Japanese authorities took the greatest pains with every detail. The Public Prosecutor and his staff spent three months collecting evidence, examining witnesses, checking and re-checking motives. There was a searching preliminary examination conducted soon after the tragedy—and conducted with such calmness and impartiality as to show how strong Japanese official self-control must be to resist the greatest stress of natural excitement. The prisoner had every possible advantage which the law allowed; he was warmly, honestly, decently led, humanely treated, in spite of certain scurrilous newspaper hints as to the application of insults and thumbscrews. His friends sent him an English lawyer from Shanghai—Mr. J. C. E. Douglas, the brilliant son of 'Admiral Sir Archibald Douglas—and the prisoner was permitted to speak with his foreign counsel through an interpreter. "Give my friends my deepest salutations and thanks. I will now I thought they had forgotten me," was his first remark. Like all anarchists and political reasoning, too, the far East, this was a world-wide celebrity, his great deed was to sink into obscurity—to slip out of the people's mind.

An's trial did not begin till nine o'clock in the morning of February 7, and it took place in the one town of the Far East which the Japanese must have chosen had they deliberately wished to heighten the dramatic effects of the case—Port Arthur. In a building neither large nor small, neither imposing nor yet insignificant, situated on the bleakest side of the bleakest hill in that famous fortress town, the Court assembled. Judge, Public Prosecutor, and interpreters sat together at one long table; their books to the wall, two attendants on either side of them, the bar before which the prisoners stood to answer questions directly in front, the seats for the lawyers beyond that and to the right, the stands for the soldier guards to the left, the prisoner's bench close beside them, and finally—on the other side of the barrier—the space reserved for the general public.

A Prussian Court must have served as model—not unnaturally, since it is from the German Criminal Code that the Japanese have copied their own. Nevertheless, certain little differences easily distinguished the copy from the original. The lawyers, for instance, were gowned and head-pieces something like those of French advocates—and apart the effect of their costume by the common Japanese trick of shedding their shoes in the Robing-Room and appearing in felt slippers. No man in the world, not the most eminent or the most eloquent, appears impressive when he shuffles to a seat; it is difficult for him even to bear his dignity when he further complicates the position by carrying his papers in a blue cotton handkerchief. Still, on the whole, these lawyers are insignificant, and they did not seriously disturb the formality of an assembly whose very stenographers and interpreters wore in uniform.

An, the assassin, and his three accomplices were conveyed from prison to court in a dingy, springless old "Black Maria." They entered the court-room and took their places on the prisoners' bench in an absolute silence; the placid Oriental public was much too well behaved to express either approbation or disapprobation. Had they attempted to do so, they would have been promptly corrected by a special officer in uniform. Thus criminal was instructed to let nothing pass which might mar the propriety of an historical episode, and he meant to carry out his instructions to the letter—so rightly, in brief, that when one non-Japanese gentleman as far forgot himself as to cross his legs he was immediately gravely reprimanded and told to restore the unruly member to the floor.

The Public Prosecutor officially opened the case with a summary of the tragedy, preferring the charge of murder in the first degree against An, and attempt at murder against two of his companions, U art So, who tried to kill Prince Ito at Taichikakou Station, but were frustrated by the Russian railway guard—and of complicity in the crime against Ryu, who conducted secret correspondence for the others. As he told his story, weaving the net of evidence round one or the other of them, these four sat utterly stolid. An, especially, looked almost bored—while the people stared at him. "Let me speak, let me explain," was his constant demand; "I have

THE JAPANESE BLACK MARIA waiting outside the Court at Port Arthur for the murderer of Prince Ito.

A SCENE AT THE TRIAL: The crowd waiting to see the accused brought in. The empty bench is for the prisoners.

many things to say." They did let him speak when the right time came, and he straightway began a patriotic harangue. Unconscious of surroundings, careless of the effect his words might produce upon his audience, he told how Korea had been oppressed, and Prince Ito the man who had oppressed her. "Prince was put an end to Prince Ito's career, our country will be ruined for ever," averred to be the opinion of all the Koreans he met—even of the farmers and simple village folk. Curiously enough none of these grudnkes blamed the Japanese, most raged against their occupation of the land. It was all Ito —Ito's intrigues, Ito's schemes, Ito's ambitions. Who stirred up discord, and was the cause of the risings against the Japanese? Ito. Who intercepted memorials from the Koreans to the Emperor of Japan? Ito again. It one listened to An, Ito was an unscrupulous tyrant destroying the liberties of Korea.

Here the judge did an unusual thing—almost an unprecedented thing—showing how tenderly reverent the Japanese feel towards their heroes. The memory of the murdered statesman is very dear to them, and it may not be smirched. "It you go no further in this way," said he severely, "we shall have to dismiss the audience." But An ignored the warning deliberately, or through stress of excitement, and his words poured out now like a stream. What else could the judge do, then, but carry out his threat. He gave the sign. The obedient audience slipped out quietly and it was told, and An was left pouring out the torrent of his forbidden eloquence to the bare walls and the unsympathetic ears of

the lawyers, the interpreters, and the other prisoners. Next day the spectators were all allowed to come back again and hear the Public Prosecutor sum up the case. As far as possible, the Authorities desired to have everything open and above board—no closed doors unless absolute necessity demanded it.

The evidence showed that the assassination of Prince Ito was not the deep-laid plot we thought at first, for searching investigation failed to uncover the hornet's nest of plotters in Korea underlying Japan's scheme. Every Korean may be a discontent at heart; it is certain there is not an organised discontent. The nature of the murderer and of the circumstances make it practically certain that he was not instigated to the crime by anyone, and it he told anyone about his plot, it was only one of his fellow-prisoners, a man called U. The other two, So and Ryu, only had vague hints of what was going on. So had to be admitted into the conspiracy, it conspiracy it may rightly be called, because he spoke Russian. But An never entirely trusted him, and he gave as his ingenious reason for his doubt that So had "lived in Russian territory for thirteen years." So was therefore plainly a tool—a tool without character. As for Ryu, he was a mere boy, young and uneducated, only fit to post letters, and rather being of about this small share in the plot. An was the one strong man, and the only plank he showed weakness—it was not of character but of judgment—was in trusting U, who incriminated his comrades in the end because he was nothing but a poor individual's fellow who could not even stick to one employment, but was a locksmith one day, a half-collector another, and a peddler of cigarettes the third.

The result of the trial was, of course a foregone conclusion. There was no way of proving An innocent; all that could be hoped by the defence was a mitigation of sentence. There was but one argument, even for this, and that was mistaken motives. "Pity these men who have been born in a country inflamed by mistaken ideas, barren of education," said Mr. Mizuno in his eloquent speech; "or if you can neither pity nor forgive, then remember that to exact their lives will not be to carry out the object of Japanese criminal law—namely, to deter others from the commission of crime."

On Monday, February 14, the prisoners took their last long journey in the "Black Maria" to the Court, and were brought in to hear their sentences. As got the death penalty, as was expected, in spite of the quaint plea put in by one of the lawyers that this would be displeasing to the murdered Prince. The three years' imprisonment with hard labour, So and Ryu eighteen months' each.

The way each man received the verdict was characteristic. Poor Ryu whined plaintively. So appeared little better. U put back the moments of his self-control at the last, and blamed nobody, while An openly professed his delight. His only line through all the speeches for the defence was that the Court might be induced to let him go free. He was ready for martyrdom, ready, nay, eager, to "give up the dear habit of living." He had the hero's crown almost within his grasp, and he felt the Court proudly. Has this *cause célèbre*, so beautifully conducted, so wisely judged, ended as a score for the murderer and his misguided fellow-patriots after all?

"RYU," AN ACCOMPLICE

"AO," AN ACCOMPLICE

Throughout the history of mankind, "peace" has undoubtedly been one of the most often repeated terms. The call for peace is no less strong in contemporary times than in the era of the Cold War, when the people of the world lived on the edge of violence in persistent ideological conflicts. Nowadays, regional disputes and hostilities are unceasing in many territories, and among different peoples and religions.

Things were no different in Korea a century ago. Western superpowers, equipped with more advanced science and technology, encroached upon the territories of the East. Japan, having opened to the West ahead of others, invaded neighboring countries. Ahn Junggeun (pen name: Ahn Eungchil) was born in 1879 into a well-off family of good reputation. But his family could not prevent the misfortunes of his nation from affecting him. Ahn clearly saw it was Ito Hirobumi, the first Resident-General of Korea, who was masterminding the

Japanese colonization of his country. Concluding that it was Ito who disturbed and broke peace in Asia, Ahn made up his mind to kill him to ensure Korea's independence and peace in the region.

On October 26, 1909, Ahn shot and killed Ito in Harbin. When interrogated by the Japanese public prosecutor, Ahn contended that he had decided to eliminate Ito for fifteen crimes he committed that deprived Korea of its rights, including that of its sovereignty and property rights. During his five months in prison, Ahn endured a series of interrogations and hasty court trials. On February 14, 1910, he received a death sentence, which had not hitherto been given to any political prisoner in Japan. In a brief treatise titled "Personal Reflections of Ahn Eungchil," written under his pen name, Ahn explained the theoretical basis of his ideas for peace and equality.

Heaven created men, and all are bonded in brotherhood. Everyone deserves the right to live freely and to hate death. Whether East or West, able or less able, man or woman, young or old, we, of goodness and morality, are supposed to enjoy our livelihood in peace in our own territory. Ito, not understanding the principles of Nature, imposes cruel policies wherever he goes—so much so that the entire region is facing serious repercussions. How unfortunate!

The message of Ahn Junggeun takes a step beyond the 1776 United States Declaration of Independence, which proclaimed the rights to life, liberty, and the pursuit of happiness. Because of his thoughtful reverence for life and the spirit of humanity, not restricted by ethnicity, capability, age, or gender, Ahn harshly criticizes the development of weapons and their indiscriminate use by the superpowers of the world. Since the advanced nations were running counter to the laws of nature and were fanning conflicts and disputes, Ahn could not but stand up against Ito for his cruel policies that killed off tens of thousands of young men in Asia, and Korea in particular.

He first fought against Ito's violent policies at Harbin, then he sought justice in the military court as ruled by Japanese law. At this point, he wanted to show the world what his ideas were, so he wrote two texts. One was *An Autobiography of Ahn Eungchil* (using his pen name). The Japanese prosecution told Ahn to write his own personal history. He began writing on December 13, 1909, and finished it ninety-three days later. The other text he hoped to complete was "A Treatise on Peace in the East,"[1] which contained his ultimate ideas for peace in Asia. When he was sentenced to death, he seemed to have de-

---

[1] The whereabouts of the original manuscripts of *An Autobiography of Ahn Eungchil* and "A Treatise on Peace in the East" are still unknown.

termined to pass his message of peace on to the world. Ahn knew that Japan had secretly decided to kill him.

He requested a meeting with Hiraishi, the Chief Justice of the High Court. The content of the interview[2] conducted on February 17, three days after his death sentence, is highly significant because it contained the main ideas of "A Treatise on Peace in the East."

The treatise was going to consist of five chapters: an "Introduction", "The Lessons from the Past," "The Current State of Affairs," "The Contexts," and "Questions and Answers." Despite Hiraishi's promise to allow Ahn time to write, the execution was abruptly carried out before Ahn was able to finish his book. Therefore, Ahn had only completed the "Introduction" and was suddenly stopped in the middle of the first chapter. Fortunately, his "Introduction" already reveals the author's insights into the international order and his full grasp of the ongoing situations. His idea for maintaining peace in the East, mentioned in the interview with Hiraishi, is the gist of "A Treatise on Peace in the East." Both the existing part of the manuscript of "A Treatise" and "Ahn's Interview" will help readers reach the conclusion that the establishment of a peaceful

---

2 The interview with Hiraishi was recorded in the form of "The Transcript of Ahn Junggeun's Interview" and appears in this book.

world, as conceived of by Ahn more than a hundred years ago, is by no means an impossible dream.

"A Treatise" was originally written in old Chinese, while the prison record of Ahn's interview with Hiraishi was written in old Japanese. Therefore, it has not been easy for the modern reader to access these documents, let alone understand them. Thus, the Ahn Junggeun Memorial Museum has decided to publish these two documents together in one book in four different modern languages: Korean, English, Japanese, and Chinese. I hope that modern readers will make connections between the two documents and the four languages. I also strongly hope that they will come to understand in greater depth how a young man, so many years ago, strove to realize peace in Asia and the world.

I would like to express my thanks to the three scholars who diligently worked on the translation of the original text into modern languages: into English, Dr. Sohn Tae-soo at Sungkyunkwan University, Seoul; into Japanese, professor Shin Hyun-ha at Gyeongsang National University, Jinju; and into Chinese, professor Kim Wol-bae at Harbin University of Science and Technology, China. I would also express my deepest gratitude to professor emeritus Tae-jin Yi at Seoul National University for his wonderful resourcefulness and expertise. My deep appreciation and gratitude go to Mr. Hank Kim, president of Seoul Selection, who most graciously welcomed our proposal and agreed to put together part of Ahn's important writings and ideas in book form. Finally, but not least, my special thanks are due to Mr. Lee Joowha and the staff at the museum. All in all, I am honored to celebrate the debut of Ahn's great idea of peace into the English-speaking world.

October 2018

Young-Oak Lee
Director General
Ahn Junggeun Memorial Museum, Seoul

"A Treatise on Peace in the East"
and "The Transcript of Ahn Junggeun's Interview"

Between the late nineteenth and early twentieth century in the age of imperialism, the superpowers extended their strength by acquiring the territory of weaker nations. Diminutive nations like Korea easily fell prey to imperialist nations. After all, Japan deprived Korea of its sovereignty by force after it had imported Western technology and civilization. Imperial Japan unjustly and illegally made Korea its protectorate. Was it really a period when there was no power or apparatus to regulate or restrict the brutal behaviors of the stronger nations?

During the same period, there arose a series of international peace movements in Europe and America, which endeavored to help restrain the ever-expanding imperialism; these movements were precautions against the possibility that Europeans and Americans, too, would become the victims of imperialists. In 1900, Andrew Carnegie, the American business magnate and king of a steel empire, donated 40 million pounds to the cause of international peace movements. In order to manage the fund, he established the Carnegie Endowment for International Peace in 1910 and opened the Peace Palace in The Hague as its first project. The Peace Palace opened in 1913 and became the center of the international peace movement. In addition, when the Swedish scientist Alfred Nobel, who had accumulated wealth with the invention of dynamite, died in 1896, he left a will to give awards to those who contribute to the development of literature and peace, as well as the three scientific sectors of chemistry, physics, and physiology or medicine. With the establishment of the Nobel Foundation in 1900, the prize began to be awarded the following year. Unlike other prizes, the Nobel Peace Prize was managed by the Norwegian Parliament, which was fitting since the nation is responsible for the least amount of military spending in the world. Since the first prize was given to Jean-Henri Dunant, the founder of the Red Cross, the Nobel Peace Prize has been awarded to figures or organizations that have contributed to world peace, thus playing a pivotal role along with the Carnegie Endowment for International Peace in reawakening the significance of peace movements. Thanks to these and other efforts, the League of Nations was launched in 1920 as the first and largest peace-keeping organization in the history of mankind.

The international peace movements in Europe and America exerted an influence on East Asia. Compared with the situations of Europe and America, however, history was moving in the wrong direction in the East due to the distortion of the idea of peace by Japan, which had taken a leading role in importing Western civilization. In other words, Ito Hirobumi and other Japanese politicians utilized the international peace movements in Europe and America as a means of glossing over the aggressive invasion policy of Imperial Japan.

Right after the end of the First Sino-Japanese War (1894–1895), Japan expanded armaments for nearly a decade by increasing military spending and finally entered the Russo-Japanese War in February 1904. When the international peace movements were actively underway during the period of Japan's preparation for war, Japanese political leaders perversely insisted that they enter into war for peace in the East. They maintained that, in order to preserve peace in the East, they had to fight against Russia, which aimed at acquiring Eastern territory. Immediately after winning the war, Japan laid bare its aggressive policy, concluding the Japan–Korea Treaty of 1905 by force and depriving Korea of its diplomatic sovereignty.

In order to inform the international society of the illegality of the Japanese annexation of Korea, Emperor Gojong of Korea sent three special emissaries to The Hague, where the second international Hague Peace Conference was held in June 1907.

With its lies and wrongdoings having been unveiled to the international community, the Japanese government dethroned the Korean Emperor and disbanded the Korean army by the issuance of a false edict. The Korean people raised a "righteous army" both at home and abroad to counter the illegal and coercive measures of Japan and engaged in a fierce battle against Japan to protect the nation's sovereignty.

It was one of the most distinguished outcomes of these struggles that Ahn Junggeun, task force commander of the Korean Righteous Army, killed Ito Hirobumi—the first Resident-General of Korea, who played a leading role in snatching its sovereignty—at Harbin Railway Station on October 26, 1909. He shouted in Russian "*Корея! Ура!* (Hurrah for Korea!)" at the scene. Some five months later, on March 26, 1910, as he was being taken to be executed, he wanted everyone in attendance to give three cheers of "Hurrah for peace in the East," although his final wish was not fulfilled.

There remain two records that tell us the gist of Ahn Junggeun's idea of peace. After he was sentenced to death on February 14, 1910, Ahn requested an interview with the president of the High Court. During an interview made three days later, Ahn stated his ideas for maintaining peace in the East. The text of the interview recorded by the interpreter was posthumously rearranged in the form of "The Transcript of Ahn Junggeun's Interview" written in classical Japanese. The other document is "A Treatise on Peace in the East," which Ahn began to write immediately after he finished work on the manuscript of *An Autobiography of Ahn Eungchil* on March 18, 1910. Ahn hoped to finish the treatise before he was executed. The treatise, however, was unfinished due to his being executed earlier than expected.

Written in classical Chinese so that any intellectual in East Asia could read it, "A Treatise on Peace in the East" was originally conceived to be written in five chapters: an "Introduction" (序), "The Lessons from the Past"(前鑑), "The Current State of Affairs"(現狀), "The Contexts"(伏線), and "Questions and Answers"(問答). Because only the first two—the "Introduction" and "The Lessons from the Past"—were finished, it is hard to know how his idea would unfold in the three unfinished sections. Fortunately, we can get an overview of his idea on peace in the East thanks to the already explained record of his interview, "The Transcript of Ahn Junggeun's Interview," in which he concretely mentioned what the three nations of Korea, China, and Japan should do to accomplish peace in the East. These two manuscripts are the core documents that tell us the gist of his idea of peace; although some of the records of his interrogation contain similar ideas, these documents are mostly fragmentary. Therefore, it is highly significant that the Ahn Junggeun Memorial Museum has decided to publish the two manuscripts in a book—after translating them in the four languages of Korean, English, Chinese, and Japanese—with a view to propagate Ahn's idea of peace to the whole world. "A Treatise on Peace in the East" contains philosophical content, whereas "The Interview of Ahn Junggeun" deals with the concrete action plan. With regard to the content, it would be more appropriate to put "A Treatise on Peace in the East" before "The Transcript of Ahn Junggeun's Interview."

"A Treatise on Peace in the East" mentions the justifiability of pursuing peace and the current trends of international relations. Ahn says that the East has endeavored only to cherish literature, thus falling behind Europe and America in terms of technological development, but Ahn admires Japan for strengthening itself by importing technology, for building up its national power, and for knocking down Russia with a single blow. Given that Russia had expanded its eastern military facilities after having made many incursions in the western region, Ahn maintains the people of Korea and China were correct to be highly suspicious of the behavior of Russia. So when Japan started a war with Russia, Ahn says that the people of the two nations supported Japan by putting aside their decades-old grudges thus contributing to the triumph of Japan over Russia.

Ahn adds that the two nations unreservedly helped Japan because the Japanese Emperor, in his declaration of war against Russia, made it clear that Japan would engage in war to maintain peace in the East and would guarantee the independence of Korea.

Ahn asks readers how the Western nations of Britain, Germany, France, and the United States would have behaved if the two nations had made use of the war as a means of retaliation against Japan, adding that it is obvious that those nations would have dispatched many more battleships, mobilized troops, and demanded economic compensation, thus smashing the territories of East Asia into pieces. Consequently, Ahn maintains that the two nations were not to blame for helping Japan, but harshly criticizes Japan for betraying the ideal of peace in the East by illegally depriving Korea of its sovereignty while failing to receive, as a conqueror nation, even a penny of reparations from Russia at the peace conference in the United States.

Ahn confirms that Japan was responsible for the entire catastrophe because it debased itself by becoming an aggressor country, adding that it was even worse than Russia in terms of committing acts of brutality. Ahn makes it clear that he had entered a just war for peace in the East in Harbin, and he presents "A Treatise on Peace in the East" in Lushun where he had entered into negotiations with Japan. In summary, Ahn's "Treatise on Peace in the East" is a clearly written declaration addressing intellectuals around the world. Though unfinished, it can affect readers' minds more strongly than most other articles written in contemporary times.

"The Transcript of Ahn Junggeun's Interview" deals with his trail-blazing and advanced strategies for accomplishing peace. Ahn says that Japan should return Dalian and Lushun, which it acquired as a war indemnity, to China because the owner of the land cannot be changed. He proposes the development of two districts into the headquarters for realizing peace for the three East Asian nations of Korea, China, and Japan. Ahn states that it is more effective for the three East Asian nations to cooperate if and when Caucasian Western nations threaten them. Ahn calls for the establishment in Lushun of a youth corps made up of young people from the three nations. On the economic front, Ahn suggests the creation of a common economic bloc by issuing a common currency for the three nations, a move which would counter any threats from the capitalist economies of Europe and America. Ahn says that the establishment of a common bank for issuing such a currency would not be difficult if they collect a "membership fee" from each of the members, since these nations have large populations. Ahn proposes the expansion of the common currency system to the neighboring nations of Thailand and India once it is successful. The concept of a regional economic community's use of a common currency is very creative; no intellectuals in contemporary Europe or America had mentioned this before Ahn. It also demonstrates Ahn's intellectual rigor, since such a conception preceded the idea of creating the European Union (EU) by half a century.

When we focus on the single idea of the assassination of Ito Hirobumi, we may risk reducing Ahn to a military figure. When we examine as many as fifty calligraphic works he wrote in prison, though, we can come to understand that he was an intellectual well versed in the classics of both the East and the West. During the fifty days after he was sentenced to death, he wrote calligraphy almost every day, while deciding what to write for himself. As an intellectual who in peacetime was an avid scholar, Ahn wished to rebuild Korea through the promotion of education. Ahn, however, became a task force commander in the Korean Righteous Army in the Maritime Provinces and participated in the independence movement when the sovereignty of the nation was under the threat of being devoured by Japan in the wake of the Russo-Japanese War. Upon hearing the news that Ito Hirobumi would soon arrive in Harbin, he established a task force, voluntarily became the first fighter as the leader of the task force, and killed Ito. In prison, Japanese judges and prison officers respected Ahn, being impressed by his eloquence, which derived from his intellect and a deep sense of justice.

I hope that, with the publication of this book, Ahn Junggeun—as a hero of Korea—will not only be remembered as the most prominent righteous fighter in Asia, but also as a top intellectual and pioneering philosopher of peace of his own time.

Finally, I will quote one of the works of calligraphy by Ahn which reminds us of the importance of reading books: "Unless we read a book every day, thorns grow in our mouth (一日不讀書口中生荊棘)." A world where we do not read books would be degraded by stinging greed. If we live in such a world, how could we expect to have honorable and lofty thoughts in a state of peaceful coexistence? Ahn's spiritual world, where he seeks a better future for the nation and mankind through books, is so profound and familiar that we could safely recognize him as an everlasting hero.

October 2018

Tae-jin Yi
Professor Emeritus
Seoul National University

東洋平和論

A Treatise on Peace in the East

Table of Contents

• The original manuscript of "A Treatise on Peace in the East" can be found in the Modern Japanese Political History Archives of the Library of Congress of Japan.

— Because the whereabouts of the original version of "A Treatise on Peace in the East" remain unknown, the translation in this book is based on a Chinese manuscript written by a Japanese scribe (discovered in 1979).

• The original text of "The Transcript of Ahn Junggeun's Interview" can be found in the Diplomatic Archives of the Japanese Ministry of Foreign Affairs 「伊藤公爵 滿洲視察一件」.

Introduction
序

It is an eternal and definite truth that we stand if we are united and we perish if we are divided. The world today is divided between the East and the West and among various races casually competing with one other. Research into arms, for example, outperforms that into agriculture and commerce, and newly developed inventions like electric guns, airships, and submarines are injuring people and damaging property.

Many nations are militarily training young men and driving them to the battlefields, thus dumping many precious lives there as if they were ritual scapegoats. As a result, we now see that day after day their blood flows and pieces of their flesh are scattered all over the ground. What a dreadful sight this is in broad daylight since to love life and hate death is the way of the world and the people's sentiments! I am freezing and soaked to the bone and am chilled with fright when I either speak or think of this situation.

By nature, the people of the East have never attempted to encroach upon even a portion of European territory but only endeavored to protect their own countries while devoting themselves to cherishing literature. Not only do all the people of the five continents on earth know the simple truth, but so too even the animals and the plants.

Yet by using military force day after day on the one hand and cultivating competitive spirit on the other, many unscrupulous nations in Europe have for several centuries been totally ignorant of moral values. With regard to such aggressiveness, Russia stands second to none. By resorting to violence and cruelty, Russia is encroaching upon almost all the territories of Western Europe and East Asia, and amidst the pervasiveness of crimes, both the heavenly gods and the people alike have been vexed. Heaven has finally decided to salvage the situation by giving Japan—a small island country located in the East Sea—the opportunity to knock down Russia, the superpower with its grip on the land of Manchuria.[3] Who on earth ever expected it to happen? This victory was the mandate of heaven and the superintendence of earth—all based on the way of the world and the people's sentiments.

---

3 This refers to the Russo-Japanese War (1904–05).

Had the people of Korea and the Qing Dynasty[4] come together in cooperation—regardless of their social positions high and low—and excluded Japan and supported Russia instead, to take revenge on the island nation for the previous atrocities inflicted upon themselves, Japan would not have expected a great victory in the war. At that time, however, the people of Korea and the Qing Dynasty did not think of revenge but instead welcomed the Japanese soldiers and devoted themselves to supporting Japan in such sectors as transportation, building roads, and reconnaissance. What were the reasons for that? There were two major reasons for their behavior.

First, in his declaration of war against Russia, the Japanese emperor made it clear that Japan would "maintain peace in the East and consolidate the independence of Korea." Because the great cause of Japan was brighter than the light of a blue sky and a clear day, people of all social standings in both Korea and the Qing Dynasty—whether they were literate or not—helped Japan wholeheartedly and using all their energy.

Second, having seen that the war between Japan and Russia was nothing but a battle between the people of the Yellow race and the White one, they forgot their grudge against Japan immediately and instead established an enormous group founded

---

4 The last imperial dynasty of China.

on mutual affection, which was another rational cause based on the way of the world and the people's sentiments.

How delightful and admirable is it for Japan to have suppressed Russia, an adversary that had stood at the vanguard of the White race and had indulged in violence for centuries. It was such a rare watershed event that it was commemorated all across the nations of the world. At that time, the people who possessed pioneering souls in Korea and the Qing Dynasty welcomed unquestioningly the victory of Japan over Russia because they believed that Japan had accomplished one of the most noteworthy and marvelous projects in terms of the nation's political dealings and its ways of managing things since the dawn of civilization both in the East and the West.

But alas! After having had such an unexpected victory in the war, Japan has oppressed its most intimate and weak—but benevolent—neighbor Korea by entering into treaties with it[5] and has occupied the southern region of Changchun[6] under the pretext of leasing land. Now, the entire world has suddenly started to view Japan with suspicion. What had been hailed as the fair and impartial achievement of Japan has been turned upside down overnight, and now the world has begun to re-

---

5 This refers to the Korea-Japan Treaty of 1904 and the Korea-Japan Treaty of 1905.

6 Changchun is currently the capital and largest city of Jilin Province in China.

gard Japan as even worse than Russia, a nation known for committing acts of brutality.

Alas! How could a nation that is able to exercise the authority of a tiger and a dragon behave like a mere snake or cat? How could the nation regain such a one-in-a-million opportunity? What deplorable behavior for a nation!

Such catchphrases as "Peace in the East" and "The Independence of Korea" not only have been imprinted in the eyes and the ears of the people of the whole world so that they consider them Japan's firm promise, but they have also been carved into the hearts and the minds of the people of Korea and the Qing Dynasty. Since the authority of the written text is not something that can be obliterated even by the power of the heavenly gods, how can a few individuals attempt to annihilate their promises by exercising practical ingenuity?

Even a mere child knows that it is the best policy for the people of the East to cooperate in order to defend themselves from calamity when facing an invasion of Western superpowers. Nevertheless, how can Japan disregard such a natural and reasonable code of conduct, deprive its neighboring nation of sovereignty, and cut off mutual friendship? It is like giving the superpowers a chance to fish in the troubled waters of the East. As a result, the final hope of Korea and the Qing Dynasty has been shattered.

If Japan does not alter its policies, and if it continues to tighten its pressure on Korea and the Qing Dynasty, the people of Korea and the Qing Dynasty will conclude, from the bottom of their heart regardless of their social positions high and low, that they should cooperate with and choose to be vanquished by people of other races rather than be humiliated by people of the same race. It is as clear as day that the people of the two nations would volunteer to become a cat's paw used by the White race.

Now, how can many people facing up to the reality, and others harboring righteous wrath among the hundreds of millions of the Yellow race in the East, watch the ongoing situation with their arms folded and wait for a disaster in which the entire East is burnt to ashes? It is unthinkable and unjustifiable. After having entered the just war for Eastern peace in Harbin and having started negotiations with Japan at Lushun Port,[7] I hereby present "A Treatise on Peace in the East" so that everyone can closely examine it.

February 1910, the Year of Gyeongsul
Written by Ahn Junggeun at the prison in Lushun

---

7   Lushun Port can be replaced by Lushun, and vice versa. Ahn seems to have used Lushun Port and Lushun interchangeably.

The Lessons from the Past
前鑑

From ancient times to the contemporary era, in any area of the entire world—east and west, north and south—there have been unfathomable, up-and-down fluctuations and situations, and the changes of the way of the world and the people's sentiments have been unpredictable.

Japan and the Qing Dynasty clashed in 1894, the year of Gabo,[8] after the two nations arrived in Korea by mobilizing troops and entered into war in the wake of the riot of the Donghak Party, which I would call the petty thief[9] of the Joseon Dynasty. Japan won the war and, going from strength to

---

[8] This refers to the First Sino-Japanese War (1894–1895).

[9] Ahn Junggeun had strong reservations about the Donghak (Eastern Learning) Party because its violent movements paved the way for the foreign forces, including Qing and Japan, to intervene in the affairs of Korea.

strength, occupied half of the Liaodong Peninsula. After having occupied Lushun—the strategic point—and defeating the Beiyang Fleet of the Qing Dynasty, Japan concluded the Treaty of Shimonoseki[10] at the bargaining table, where the nation acquired the territory of Taiwan and received 200 million yuan[11] for a war indemnity. That was an epoch-making miraculous event for Japan after the Meiji Restoration of the country.

Why was the Qing Dynasty defeated by Japan even though it had abundant resources and its territory is dozens of times larger than that of Japan? The Qing Dynasty was humiliated because, for many generations, the people of China have adhered to Sinocentrism and, with extreme arrogance, called other countries barbarians, and domestically, the high-ranking government officials with authority and the influential families wielded power—ignoring law and disdaining the state system—and showed enmity toward their retainers and the people, thus resulting in a feud between the upper and the lower classes.

Meanwhile, Japan, too, had experienced endless internal feuds after the Meiji Restoration. After the outbreak of the

---

10 The Treaty of Shimonoseki was signed in 1895.

11 The yuan (元) is a unit of Chinese currency.

diplomatic dispute,[12] however, the Japanese ceased fighting among themselves, reconciled, and formed a patriotic party of their own, thus triumphing in the war. This is reminiscent of an old saying that a friendly neighbor is no better than a war-waging brother.[13]

We must remember the behavior of Russia under these circumstances. Having organized its Far East Fleet, Russia joined hands with France and Germany and protested greatly against Japan on the sea of Yokohama.[14] As a result, the Liaodong Peninsula was returned to the Qing Dynasty, and Qing also had its war indemnity to Japan reduced. In appearance, this result was an exercise in public law and justice for the whole world to see. If we take a closer look at the facts, however, we will see that the temper of Russia is no less nasty than that of a tiger.

In only a few years, by using nimble and cunning methods, Russia leased the land of Lushun Port, expanded its naval ports, and established railways.

Russia originally had a strong desire to establish an ice-free port in one of the areas of China, such as Dalian, Lushun, and Niuzhuang in the south of Fengtian. Russia, however,

---

12 This refers to the riot of the Donghak party.

13 A friendly neighbor and a war-waging brother here refer to the Qing Dynasty and Japan, respectively.

14 This refers to the Tripartite Intervention of 1895.

did not dare to do so because the Qing Dynasty had already been equipped with many new-style military installations in Guangdong after the invasion of Britain and France in Tianjin. Russia, therefore, had only waited for the most opportune time. Now, the time had come.

In this situation, any thoughtful Japanese with a discerning eye would feel his or her heart ripped to pieces. But in fact, Japan was to blame for the whole situation. In other words, the wind naturally blows where there is an opening, and opponents will hit us only after we hit them. If Japan had not invaded the Qing Dynasty, Russia would never have behaved like that. Japan only shot itself in the foot.

From that time on, citizens and journalists alike rose up across the Qing Dynasty in the Hundred Days' Reform[15] and the Boxer Rebellion,[16] followed by the anti-Japanese and the anti-Western movements. Meanwhile, the eight allied forces assembled together on the sea of Bohai, occupied Tianjin, and invaded Beijing. The emperor of the Qing Dynasty took refuge in Xian. Millions of people—citizens and soldiers alike—were wounded, and the loss of gold, silver, and other commodities was too great to accurately assess. Such a great disaster is not

---

15 The Hundred Days' Reform was a political and educational reform movement in 1898.

16 The Boxer Rebellion was an anti-foreign uprising (1899–1901).

only quite unusual in the history of the world, and disgraceful to the East, but also foreshadows a future in which the Yellow race and the White one will come into conflict with each other. What a gloomy and deplorable situation this is!

During these Chinese upheavals, the 110,000-strong Russian army was stationed at the border of Manchuria under the pretext of protecting the railway and never showed a sign of withdrawing. Kurino, a resident Japanese diplomatic minister in Russia, desperately said that the Russian measure was absurd. Russia, however, ignored Japan and increased the number of troops instead. Alas! Japan and Russia could not avoid a large catastrophe. Who is most to blame for the disaster? This is one of the worst humiliations ever suffered by the East.

When Japan and Russia entered into war in Manchuria, Russia transported some 800,000 troops and other types of military equipment via only the Siberian railway. But Japan had crossed the sea and passed through a neighboring nation[17] with munitions and provisions by transporting four to five corps.[18] Although because of its clever transport strategy, Japan would have found it hard to avoid such a dangerous situation, it was by no means a carefully thought-out scheme, but

---

17 The neighboring nation here refers to the Korean Empire.

18 Four to five corps amount to approximately 400,000 troops.

rather only a hard-fought battle.

The Japanese army had passed through many harbors of Korea and Shengjing[19] and the Bay of Jinzhou in China and thus had transited through 4,000 to 5,000 li[20] of foreign territories. We can understand the difficulties they suffered in the process of crossing both the sea and the land.

Although Japan won consecutive victories, it still remained in the areas of Hamgyeong-do and had neither occupied Lushun Port nor yet won the battle in Fengtian.

Suppose that, at that time, both the government and the people of Korea rose up against Japan by making a written proclamation to avenge Japan's atrocious assassination of Empress Myeongseong under a false accusation in 1895. And suppose that the Russian troops stationed in the two provinces of Hamgyeong-do and Pyeongan-do unexpectedly attacked a hitherto-unnoticed vital point of Japan and clashed with the Japanese in various other locations. And suppose, finally, that the people of the Qing Dynasty, as they did in the Boxer Rebellion, rose up regardless of their social positions in order to take revenge for the incident of 1894, the year of

---

19 Former name of Shenyang in China.

20 One *li* equals approximately 0.393 kilometers.

Gabo,[21] and that the people in the area of Beijing started a riot and raided the areas of Gaiping and Liaoyang and defended the strongholds. Then Japan would have lamented having been divided into north and south, would have faced enemies from many sides, and would ultimately have been divided both from within and without.

Had Japan been put in this situation, the Russian military officers and soldiers in Lushun and Fengtian, equipped with discernment and vigor, would inevitably have clashed with Japan, plunging forward on this side and dashing in on that side. Japan, then, would have seen its head and feet cut off and would have found it hard to deliver military supplies and food. The strategies of Yamagata Aritomo and Nogi Maresuke would have ended in failure, and the government and the people of the Qing Dynasty, expressing a strong animosity towards Japan, would have not missed the chance to take revenge on their old enemy.

We should not resort to such catchphrases as the so-called "public law of all nations" and "strict neutrality" as the proper way because they are no more than the cunning and crafty tricks of recent diplomats. Recently, diplomats have been encouraging the warring nations to deceive their enemies about military activities, to watch for weak points, or to use the cunning

---

21 This refers to the First Sino-Japanese War (1894–1895).

calculations of strategists. What if the Qing Dynasty, following such advice, had mobilized the troops composed of public and private soldiers for an unjustifiable war and fought against Japan? Who then would have prevented the turbulent winds and clouds from blowing in the East amid these serious situations?

Under these circumstances, the European superpowers would have regarded it as a once-in-a-lifetime opportunity and competed to mobilize their troops. Britain then would have relocated its army and navy stationed in India and Hong Kong to the area of Weihaiwei and would probably have negotiated with the Qing Dynasty government as a drastic measure.

France would all at once have mobilized its army and battleships stationed in Saigon and Madagascar and moved them to Amoy. The East Asia Squadrons of the United States, Germany, Belgium, Austria, Portugal, and Greece would have made an alliance on the sea of Bohai and prepared for a joint treaty to secure their interests equitably.

Japan then would have inevitably mobilized all its nationwide troops and finances for military expenditures and immediately relocated its troops directly to Manchuria and Korea. The Qing Dynasty would have sent a written proclamation in all directions, convened the troops and the volunteer soldiers from Manchuria, Henan, and Jingxiang, and engaged in ferocious warfare, thus creating great turmoil. If that happened, it goes without saying that the East would have become the site of total catastrophe.

However, neither Korea nor the Qing Dynasty resorted to such strategies. Rather, they observed the previous agreement without interfering, thus helping Japan win a great victory in the land of Manchuria. We can amply understand the standard of enlightenment and the spirit of hoping for peace in the East among the leaders of the two nations. In the wake of the conclusion of the Treaty of Portsmouth at the end of the Russo-Japanese War, however, all the wishes of the leaders of Korea and the Qing Dynasty were shattered.

In the unfolding war between Japan and Russia at that time, Russia lost every battle and retreated in despair.

An invincible Japan was incessantly victorious and reached Vladivostok to the east and Harbin to the north. Japan was in a position not to lose a rare opportunity. With Japan in such an advantageous position, it was quite clear that the nation could have occupied not only Vladivostok in the east but also Harbin in the north if it fought desperately with all its might over the course of a number of months.

Had that happened, Russia's overall plan might have collapsed like a tile-roofed earthen house overnight. The question remains why Japan secretly and ignobly made overtures in advance for terms of peace, thus failing to pull out the roots of calamity? This is so lamentable!

Worse still, how could they choose the United States,[22] of all the places on earth, as the venue for their peace negotiation? They will insist that they chose the United States because they believed it was regarded as a neutral, unbiased nation given the international circumstances of the times. But when we see that a hierarchy exists between host and guest, even in a brawl among beasts, how can we deny that the mutual confrontation will become more severe in a battle between different races? After Japan became a conquering nation and Russia became a defeated nation, why didn't Japan, of its own volition, make the proper decision? Was it only because Japan could not find a proper venue in the East for the negotiation?

When Japanese Foreign Minister Komura Jutaro ignobly visited the faraway country of the United States for the settlement of a peace treaty, it was deemed perfectly acceptable that the settlement included the return of half of Sakhalin to Japan as a penalty clause. It was, however, groundless and improper that Japan included Korea in the list of penalty clauses and claimed sovereignty over Korea. When Japan signed the Treaty of Shimonoseki with the Qing Dynasty, it was rather

---

22 Ahn mentioned the venue of the meeting as Washington in the original manuscript, although it is not certain whether he used it metonymically for denoting the United States or was mistaken. The actual place of the meeting was Portsmouth.

natural for the nation to include Korea as a target country because Korea was at that time a tributary state of Qing. But why should Korea be involved in a treaty between Japan and Russia when Korea had no relation with Russia from the beginning?

If Japan had ambitions to encroach on Korea, why didn't Japan behave freely instead of including the issue of Korea in the bilateral treaty with Russia, thus making it an intractable issue?[23] Japan took a measure with no solution. Besides, Korea was exposed to the Western superpowers once the US President presided over the negotiations. The US President as a mediator might have been surprised and thought it strange that Korea was involved in a deal among the Western superpowers. But he most certainly wouldn't have given the issue as much thought as he would issues of his own people.

Meanwhile, the US President manipulated Japanese Foreign Minister Komura Jutaro in an experienced and crafty manner and listed the remaining issues—including some small fragments of islands, damaged ships, and railways—for war indemnities to be paid by Russia to Japan while greatly reducing

---

23 The basic position of Ahn Junggeun is that the issues of the East should be resolved among the nations of Asia by cooperating together without relying on the power of Western or other nations. In this sentence, Ahn implies that Japan has made it difficult to resolve the issues of the East by allowing Russia to intervene in Asian affairs.

the bulk of the indemnity. Had the negotiation table been set in the United States after Japan was defeated by Russia, Japan would have had to come up with a very substantial indemnity. Thus, from these and other cases, we can only guess that human affairs are biased.

When Russia made inroads into the eastern areas and occupied the western regions, the Western superpowers were greatly opposed to this, remained neutral, and did not help Russia. Once Russia had been defeated by the Yellow race and a settlement was being made, it would be natural that the Western superpowers would show friendship to a member of the same race. This is the way of the world and the people's sentiments. Alas! A country that does not care about a natural law of compassion among the same ethnic groups and damages a neighboring country of the same race will not avoid the punishment of being isolated in the end.[24]

---

24 This is the last sentence Ahn Junggeun wrote as far as "A Treatise on Peace in the East" is concerned, because he was stopped at this point and executed on March 26, 1910. Hence, the manuscript of "A Treatise on Peace in the East" remains unfinished.

Notes ————————————————————————————————

• "The Transcript of Ahn Junggeun's Interview" contains accounts of Ahn Jung-geun's meeting with Chief Justice of Lushun High Court Hiraishi Ujito (平石氏人), on February 17, 1910, immediately after Ahn's sentence to death.

*[Ahn Junggeun, the murder defendant, asked the prison war-
den to allow him an interview with the chief justice of the High
Court before Ahn decided whether he would appeal the District
Court decision. Thereupon, the chief justice, accompanied by his
unofficial interpreter Sonoki Sueki, received Ahn. The following
is the interview given by Ahn Junggeun during the meeting.]*

— First of all, I declare that I find it hard to accept the deci-
sion of the District Court with regard to my murder case.

— I have never been personally acquainted with Ito Hi-
robumi. Nevertheless, when I shot and killed him, I was not
acting as an individual, but was contributing to the cause of
my nation. My murder case, therefore, cannot be treated as a
case of an individual murderer. That is why I find the verdict

improper and unconvincing.

— Neither the Korea-Japan Treaty of 1905 (the Eulsa Treaty) nor the Korea-Japan Treaty of 1907 was enacted with the consent of the Korean people, including the Emperor, but only with the high hand of Japanese military power. That is why we raised an army in the cause of justice to oppose the absurdity of the two treaties and killed Ito. If I accept the court's decision, that would imply my agreement with the two treaties. Therefore, I will not submit to the verdict.

— Japan is aware that I had worked as the lieutenant general of the Korean Righteous Army. Besides, the Japanese army and police acknowledge that I, under the alias Ahn Eungchil (安應七), fought for the independence of Korea in Hamgyeongbuk-do and the precincts of Russia. Since I made the attempt in the capacity of a serviceman of the army, it is appropriate that I should be treated as a prisoner of war. Therefore, public international law or the public law of all nations should be applied in my trial. It is quite unfair that I was tried and sentenced at Lushun District Court. This also violates the Korea-Japan Treaties. Even if I accept the court decision, many nations will scorn Japan as a barbarian country. That is another reason why I cannot submit to the verdict.

— Ito said he had come to Korea as the Japanese Resident-General to promote the development of Korea. The announcement, however, was just a pretext for publicizing Japan to other nations; it was not his real intention. Let me give you an example. The Korean people despise the damn Yi Wanyong—who signed the Korea-Japan Annexation Treaty—as a wretch who is worse than a beast and think it even disgraceful to mention his name, so they naturally show enmity toward Ito. The very existence of Ito has violated peace in the East. I, as a man of the East, killed him, having been convinced that it is my duty to get rid of such a villain. Therefore, it is quite improper to treat me as a murderer. How absurd—and quite deplorable, too—is it that there are some people who call *me* a villain. I cannot accept such an irrational appraisal.

— Ito Hirobumi was only pursuing his selfish interests and desires. He was a rascal who tried to usurp and ruin the authority of the Japanese Emperor. At the previous session of the court trial, a prosecuting attorney said that since Ito was no longer the Resident-General of Korea at the time of his death, I killed him because of a personal grudge. But the attorney was wrong. Even after his resignation, Ito had intervened in many Korean affairs and helped facilitate the Japanese annexation of Korea. I did not kill Ito because of a personal grudge or as an individual.

— Ito Hirobumi propagated his idea to the whole world that the Korean people, both from the upper and lower classes, are happy and satisfied with Japan, but that is not true. People who are clear-eyed can see the reality. For example, the former emperor of Korea was wise enough to deter Ito from exercising influence upon him. Therefore, being in a disadvantageous position, Ito dethroned the former emperor and replaced him with a less wise emperor. Since its foundation in ancient times, Korea has never attempted to invade a neighboring nation because it is a country of good will that cherished literary virtue more than military strength. However, Ito attempted to invade Korea and rule it at his own disposition, massacring all the talented people in the nation. Having thought that the survival of such a man would ultimately destroy peace in the East, I eliminated Ito to defend peace in the East, but I was not acting as an individual.

— As I mentioned previously, the Emperor of Japan stated in his royal edict for the declaration of the Russo-Japanese War that he firmly believed in the independence of Korea, which is also mentioned in the Korea-Japan Agreement. However, Ito abolished the Korean military and at the same time attempted to take over the judicial and even the administrative power of Korea. This runs counter to the original promise of guaranteeing the independence of Korea. The promise of respecting the dignity of the Korean royal family also turned out to be a lie.

Besides, tens of thousands of young Japanese men lost their lives during the Russo-Japanese War and many others were killed in the process of establishing the Korea-Japan Agreement. All these disasters resulted from the failure of Ito's policies. Why do I have to face an excessive punishment when in fact I got rid of such a villain? Such a punishment would not be that different from an unjustified act of forgiving the biggest robber and punishing a petty thief.

People eulogize Ito as a hero of the twentieth century or a great figure. To my eyes, however, he is no more than a wicked and treacherous man. With regard to not only the Sino-Japanese and the Russo-Japanese Wars but also Korea-Japan relations, Ito's policies have turned out to be a failure, since not a single day goes by without bullets flying. There is an old saying: those who follow the heavenly mandate will triumph, and those who ignore it will perish. The royal edict for the declaration of the Russo-Japanese War fully guaranteed the independence of Korea, which will be interpreted as the sacred will of the Japanese Emperor, who followed the heavenly mandate. No one dared predict the victory of Japan when the Russo-Japanese War broke out. Nevertheless, Japan's victory conformed to the principle that those who follow the heavenly mandate would succeed. Ito, however, mapped out policies that ran against the sacred will of the Japanese Emperor and thereby caused the ongoing turmoil between Korea and Japan. There is a saying that the harder something is, the easier it will be broken. Ito was extremely malicious and wielded too much power. He did not embrace the will of the people but only aroused hostility and resistance among the public.

— I understand that Ito might not have been able to avoid implementing such policies. I know Japan is currently suffering severe financial difficulties. In order to make up for the losses, Japan is forcing the same policies on both Korea and the Qing Dynasty. However, this is quite foolish. It is like ripping off one's own skin to take the edge off one's hunger. Japan may avoid starvation temporarily but may unwittingly produce a bigger disaster. That is the reason why every man of conscience ridicules Ito's policies.

Japan's current status in the East can be compared to the head of a human body. Thus, political issues among nations should be treated with utmost care. Now, not only Korea—which has not successfully kept up with the news of international situations—but also Russia, the Qing Dynasty, and the United States are waiting for a chance to retaliate against and punish Japan. If nothing changes presently, Japan will soon suffer from a great disaster and will assume the responsibility for disturbing peace in the East. Japan will not be free from being criticized for damaging peace in the region. There is a saying that when we have faults, we should make every effort to rid ourselves of them. If I were the leader of Japan, I would suggest effective policy measures. But I will not make a interview about them here because that would have negative repercussions.

I have thus far stated my view about the current international situations regarding peace in the East. This, too, will support my claim that my actions did not constitute a crime.

[The chief justice of the High Court asked Ahn the defendant what policies he suggests.]

— I can tell you my policy ideas if announcing them will not cause trouble. My humble opinions may invite ridicule, but I have formulated them over the past few years.

If my policies are successfully carried out, Japan will not only enjoy great peace and happiness, but also receive great respect from other countries. In order to gain hegemony, Japan should take emergency measures. Japan's policies in the twentieth century, however, have been quite unsatisfactory. Japan has been following in the footsteps of those countries that attempted to topple small, weak nations and annex them. Japan will never gain hegemonic power by using this method. It should do something that other superpowers have not done yet.

Japan has rapidly become one of the superpowers in the world. Such a competitively fast growth, however, is the very shortcoming of Japan. Japan should not keep promulgating it.

— There are three top priority concerns for the development of Japan. First, Japan should effectively manage its finances. Good finances are like good health in a human body, so it is necessary to seek national prosperity to keep Japan healthy. Second, Japan needs to gain more credibility among the world's superpowers. Currently, the nation does not possess credibility on the global stage. Third, as I have mentioned before, Japan must develop effective countermeasures because many countries are watching Japan in the hope of catching it in an unguarded moment.

What then are the means by which Japan could complete these three urgent tasks? In my opinion, they are easy. Japan does not need to resort to war or anything else. The nation simply must change its attitude. Modifying Ito's policies is one starting point. These policies have only weakened the credibility of Japan among other nations. Such policies like concluding the Korea-Japan Agreement will only incite resistance from the people rather than civilizing them. Japan will gain nothing from it.

The three East Asian nations of Korea, Japan, and the Qing Dynasty are like brothers and should be on intimate terms with each other. Currently, the three nations are like brothers fighting with each other on bad terms, and one of them is asking for help from other families. It is like publicizing our family disputes to the outside world.

Japan may find it disgraceful to announce to the world that it will change its policies, but it must bear the humiliation. As its new policy, Japan should open Lushun and develop it into a naval port for Korea, Japan, and the Qing Dynasty. Japan should gather together talented leaders from the three nations to Lushun and hold a peace conference there and publicize it to all nations. This will show that Japan no longer has imperialist ambitions. I believe that this is the best plan for Japan to return Lushun to the Qing Dynasty and develop it as a base camp for peace in Asia.

In order to assume hegemony, Japan must take emergency measures. Returning Lushun to the Qing Dynasty will be inconvenient for Japan but will eventually benefit the nation. Such a policy will be praised by the whole world and will help Japan achieve credibility. Then peace will be permanently settled in Korea, Japan, and the Qing Dynasty.

With regard to the effective management of Japanese finances, I propose that the nation gather together the members of the peace conference in Lushun and collect one Japanese yen (円) from each of the members as the membership fee. Undoubtedly, hundreds of millions of people from Korea, Japan, and the Qing Dynasty will join the conference. Establishing a bank and issuing a common currency for the three nations will lead to the enhancement of credibility, naturally followed by smooth financial operations. Each area will have a branch of the peace conference and a bank branch as well. This will ultimately lead to the financial stabilization of Japan.

With regard to the issue of security for Lushun, Japan is advised to moor five to six battleships at Lushun Port. Even after Japan returns Lushun to the Qing Dynasty, Lushun will essentially remain Japanese territory.

— Peace in the East will be secured by using the methods mentioned above. But there is one more thing to do. The three nations of Korea, Japan, and the Qing Dynasty should cooperate in the expansion of armaments. The three nations can dispatch to the Lushun area military deputies who are in charge of armaments in order to prepare for the possible aggression of other superpowers. The three nations can create a youth corps composed of healthy, athletic young people. If we let them learn the languages used in the other two countries, a sense of friendship as brother nations will grow stronger in proportion to the progress of their linguistic competency.

If Japan shows such a great attitude to the world, other nations will admire and pay respect to Japan. Even those countries who have ambitions to conquer Japan—if there are any— would find it difficult to get a chance to do so. This will lead to an increase in Japanese exports and the nation's financial stability. Both Korea and the Qing Dynasty will also benefit from the project, and Japan will be a role model for the two nations. Both Korea and the Qing Dynasty will look up to Japan as a mentor, and Japan will gain supremacy in commerce and industry without even competing for it. This will prevent disputes such as those resulting from the problem of the railway in Manchuria.

If the project succeeds, other nations in Asia, such as India, Thailand, and Vietnam will voluntarily become members of the peace conference. Then Japan will be able to have a firm grip on all of Asia without making additional efforts.

— When the Yin Dynasty was on the brink of collapse, the nations of China enthroned the emperor of the Zhou Dynasty, which ultimately led Zhou to gain supremacy. There is something the other superpowers of the world cannot do in contemporary times. Prior to the period of Napoleon, Catholic monarchs had received their crowns from the Roman Catholic Pope before they were enthroned. After Napoleon abolished this ritual, however, no ruler has ever reinstated it.

Let's imagine that, after Japan gains supremacy in Asia, the emperors of Korea, Japan, and the Qing Dynasty meet with the Roman Catholic Pope, swear allegiance to him and are enthroned by receiving crowns from him. The whole world will watch the scene with admiration. Currently, Catholics account for the two thirds of the religious population in the whole world. Gaining support from the two thirds of the world's religious population will be a great asset for Japan. Conversely, if and when the same portion of the world population opposes Japan, Japan will be confounded no matter how strong its military power.

— Currently, Korea is in Japan's grip and must accept its authority. Therefore, if Japan formulates the policies mentioned above, Korea will also benefit from them.

— There is something about Japan that I lament. Japan enjoyed its heyday during the Russo-Japanese War, and they said, "When the sun shines, the drops of dew will disappear."[25] Currently, both the Koreans and the Chinese are stating, "Day by day, it is getting colder."[26] This phrase reflects the declining state of Japan. If Japan does not pay special attention to the problems caused by its current policies, the nation will not be able to recover its former glory. Japan needs to reflect upon itself.

[Then, the chief justice of the High Court told Ahn that, because

---

[25] The sun and the drops of dew symbolize Japan and Russia, respectively.

[26] "Day" here symbolizes "Japan" because both words—"a day" and "Japan" —are written or spoken with the same Chinese character of *ri* (日).

the court must treat him simply as an individual murderer re-
gardless of his interview, it cannot follow any special procedure
even though it respects his opinions. Ahn said he understands
the court's decision.]

— From the very beginning, I have been willing to risk my
life for my country. Thus, I will not for fear of death appeal
to the Supreme Court. But in prison I am currently writing
my autobiography and a report about the policies of the East,
and I wish to finish the projects before I die. Moreover, Father
Hong[27] is scheduled to visit me from Korea, so I request that I
be given the opportunity to meet with him. To this end, I wish
to petition for a stay of execution of my sentence until March
25, which is a solemn day in my religion, Catholicism.

Recorded on
February 17, Meiji 43 (February 17, 1910)
Kanto Command High Court
Clerk Takeuchi Shizue (竹內靜衛)

---

27 A French priest with the Korean name Hong Sukkoo.

また（アメリカ大統領が）老練な手段で小村外相を篭絡して、若干の島の土地と破損された船と鉄道など残った物件を賠償として羅列し巨額の罰金を皆無くしてしまった。もしこの時日本が敗れロシアが勝利し談判する場をワシントンで開催したならば、日本に対する賠償要求が果たしてこのように弱少であっただろうか。だから世の中の事の不公平なのをこれを推して知りうる。

これは他の理由でなく、過ぎし日東方を侵略し西方を征伐したロシアの行為が骨身にしみ憎むべきなので、欧米列強が各自厳正中立を保って互いに助けなかったのである。このように黄色人種に敗れた後事を纏める場でいかに同人種としての情誼がなかったであろう。これは人情世態の自然な形勢である。悲しい。だから自然の形勢を顧みず同人種の隣国を害する者は、ついに除け者にされる災難〔独夫之患〕を免れられないだろう。

翻訳 ────────
申鉉夏 Shin, Hyun-Ha
- 国立慶尚大学校師範大学日本語教育科　名誉教授

監修 ────────
鳥海豊 Toriumi, Yutaka
- 早稲田大学経済学部　卒業
- ソウル大学校大学院国史学科　博士

• 韓国語、英語、中国語、日本語の翻訳本に記された内容や表現は、同一でない場合がある。その理由は、「東洋平和論」の筆写本（1979年に発見）は漢文、「聴取書」は昔の日本語で書かれているために、現代の言語感覚では理解が難しく、各々の翻訳によって解釈が異なる余地があるからである。また、翻訳者が効果的に表現しようとする過程で、言語によって異なる文章を使ったケースもある。さらに、安重根義士の文体の特殊性や表現の難解さにも、その理由があるといえる － 訳者注。

安重根の平和思想

『平和』、おそらく人類の歴史上もっとも多く膾炙された用語であるだろう。特に現在は、イデオロギーの葛藤で一寸先を眺められなかった冷戦の時機よりもっと『平和』を叫ぶ声が高い。今日世界はどこということなく領土、人種、宗教など、多様なイデオロギーにより紛争と葛藤と暴力が止まずにあるからである。

百年前の世界もこれより平和ではなかった。科学技術の先立った西欧は文明を先立たせて、東洋を蚕食して入って来た時機であった。そしてアジアでは、西欧の文明を早目に受け入れた日本が東アジア諸国を侵略していた時である。正にこの時、熱血の大韓青年安重根は国家

の破局を目撃し、主権を奪いとった侵略の首魁に伊藤博文を指目する。伊藤はアジア地域の平和を撹乱した当事者であり、彼を除去することだけが大韓の独立を取り戻し、それによってアジア地域の平和を再び植え直す途だと見た。

　安重根は1879年、韓半島の北方、黄海道海州で富裕な家庭の長男として生まれた。胸と腹に七つの点があり、北斗七星の気運に応じて生まれたとの意味で幼名を応七とつけた。安重根という名前とともに安応七とも呼ばれるのはこのような訳である。成長するにつけ乗馬と猟に長け名射手とも呼ばれたし、父とともに東学農民軍を鎮圧するなど彼の熱血衷情は人並みはずれていた。

　1909年10月26日、ハルビンは民族の念願をこめた銃弾が伊藤博文を射殺した日である。安重根はその場で逮捕され旅順法院で死刑宣告を受けるに至る。彼は逮捕直後日本の溝渕検察官の前で、大韓の自主権と財産権など重大な国権を踏みにじった伊藤博文を射殺するしかなかった理由を堂々と列挙した。囲われた五ヶ月の間何度の訊問と超高速裁判があったし、翌年2月14日、当時政治犯には宣告しなかった死刑を安重根には宣告した。安重根は自身の幼名を使った短い文「安応七の所懐」で、次のよ

うに平和平等思想の理論的根拠を提示した事がある。

　天が人を出し世の中がみな兄弟になった。各々自由を守
　り生を好み死を嫌うのは誰も持つ潔い情である。今日世
　の中の人達は例により文明な社会だというけれど私は独
　りそうでないのを嘆く。およそ文明というのは東西洋、
　見目よい人、不出来な人、男女老少を問わず、各々天賦
　の性分を守り、道徳を崇め尊び、互いに争う心がなく、
　自分の地で平安に生業を楽しみながらともに太平を享受
　するそれであろう。

　安重根は自由、平等、幸福の追求権などを言及したア
メリカの独立宣言書からもう一歩もっと進み、人間の生
命尊重と、人種や能力、歳、性に拘らぬ人間観を持ち、
当代先進国等の殺傷武器開発と無分別な使用を批判して
いる。先進国がこのように自然の順理を逆らいながら葛
藤と紛争を図る中で、特に伊藤は韓国を含むアジアの数
多くの青年を殺戮するのに先頭に立ったので、とても見
るに見兼ねなかったとのことである。
　ハルビンで義なる旗揚げをし旅順で法廷闘争をしな
がら安重根は二編の著述を残す。一つは日帝が要求して

書き始めた『安応七の歴史』である。これは1909年12月13日に書き始め93日目に終えた獄中自叙伝である。もう一つは安重根の究極的目的の「東洋平和論」の著述である。日本の刑事法廷から死刑を宣告されるや、安重根は自身の平和構想を詳細に明かすため「東洋平和論」の執筆を始める。そしてその一方高等法院長との面談を要請したし、死刑宣告後三日目、すなわち2月17日になされたこの面談は、[1] 安重根の著述しようとした「東洋平和論」の主要内容を盛っていてとても重要である。

　もともと「東洋平和論」は五部で、序論と前鑑、現状、伏線、問答で構成されるものだった。高等法院長の約束と異なり急に執行された死刑により、安重根は序と前鑑の一部だけを執筆するうち中断された。しかしその短い書頭はそれ自体で、安重根の当時国際秩序および状況に対する慧眼と洞察力を見せてくれる。そして高等法院長に披瀝した平和の維持方法論は、書き終えなかった著述「東洋平和論」の要諦をなしている。

　したがって、今まで別途に存在した「東洋平和論」

1　平石高等法院長との面談は一名「聴取書」と記録されたし、この本に重要部分として収録されている。

の序論部分と平石法院長の「聴取書」を共に見れば、青年安重根の百余年前に夢見た平和なる世界の確立が、それほど不可能なことではないとの結論に到達するであろう。そして安重根が書き始めた「東洋平和論」は当時の漢文で著述されているし、聴取書は日本語の文語文で記録されていて現代の読者達が理解するのに難があった。この度みな現代語に書き変えたし、韓国をはじめとする世界の読者達のため韓国語と英語、日本語、中国語に翻訳し、一巻の本にまとめて発刊することになった。

　これにより一世紀余前にアジアの一青年が夢見た平和がどんなものであったのか、どのようにアジアの平和が実現可能であったのか、また彼の夢を現代にも援用し得るのかなどを考察しながら、時代を遡ってゆく面白さを感じられるよう望む。

　各国の現代語訳に苦労なされた英語の孫泰洙成均館大教授、日本語の申鉉夏慶尚大名誉教授、中国語の金月培ハルビン工科大教授に格別に感謝の辞を贈る。

　そしてこのすべての過程でご高見を賜った李泰鎮ソウル大名誉教授に頭をさげて感謝の意を表する次第である。また最初に四ヶ国語で編集した『安重根の東洋平和論』を快く出刊してくださったSeoul Selection金亨根社長と編集

陣の皆様にも厚く感謝申し上げます。

2018. 10

李英玉

安重根義士記念館　館長

「東洋平和論」と「聴取書」

19世紀末、20世紀の初めは弱肉強食の帝国主義時代だった。韓国のような弱小国家はその生け贄にされやすい時代だった。実際に西洋の技術文明を先に取り入れた日本は武力で韓国の国権を奪った。日本のこのような行為はどの角度からも不義、不法なことだった。果たしてこれを糾弾するだけの力や装置がなかった時代だったのか。

同じ時期、欧米の国際社会には帝国主義の疾走がもたらす危機を警戒し、これを抑制するための国際平和運動が起きていた。1900年、アメリカの鉄鋼王アンドル・カーネギは、国際平和運動のため4千万パウンドを拠出

した。この金を運営するため1910年にカーネギー国際平和基金が発足した。基金は初の仕事としてハーグに平和宮を建て、1913年に門を開き国際平和運動の中心になるようにした。ダイナマイトの発明家で多くの資産を集めたスウェーデンのアルフレド・ノーベルは1896年に殞命しながら、自身が集めた財産で科学の三つの部分（物理学・化学・生理学および医学）と、文学・平和などの発展に寄与した人物に賞を上げるのに使ってくれと遺言を残した。1900年にノーベル財団が創られ翌年から授賞がなされた。他の部分とは異なり平和賞は、軍備の最も少ない隣国ノルウェーの議会に運営が任されたし、赤十字社を創立したアンリ・デュナンが初の受賞者に選定された。ノーベル平和賞は以後、国際平和に寄与した人物または機構を受賞者に宣揚しながら、カーネギー平和基金とともに平和運動の重要性を覚醒させる役割を遂行した。このような努力が積まれ、1929年についに人類歴史上初に最大の平和維持組織である国際連盟が誕生した。

　欧米世界の国際平和運動は遠く離れている東アジアにも影響を与えた。しかしここでは西洋文明受用でもっとも先立った日本が平和の理念を歪曲して、欧米世界とは

全く異なった歴史が展開された。伊藤博文をはじめとした日本の政治家達は、日本帝国の侵略政策を糊塗する手段として欧米の国際平和運動を利用した。

日本は1890年代中盤清日戦争を終えた後、再びほぼ十年間多くの金額を投入して軍備を拡充して1904年2月に露日戦争を起した。戦争を準備する途中に西欧で国際平和運動が起きるや、日本の政治指導者達は自分達の起す戦争は東洋平和のためであるという憶説を広めた。東洋の平和のためには東洋進出をねらうロシアと戦わざるを得ないというのである。この戦争を終えた後、戦勝を背景に韓国の外交権を奪う「保護条約」を強制し侵略性をそのまま顕わにした。

韓国皇帝は、この条約が不法的に強要されたというのを国際社会に知らせるため、1907年6月、オランダのハーグで開かれた第二次万国平和会議に三人の特使を派遣した。日本政府は虚偽と非行が露顕するや、韓国皇帝を強制的に退位させうその詔勅で韓国の軍隊まで解散した。韓国人達は国内外で義兵を起し、日本の不法強制行為を糾弾しながら国権守護のため血みどろの戦いを展開した。

1909年10月26日、安重根が大韓義軍特派隊の大将と

して、ハルビン鉄道停車場で韓国国権奪取の頭目である伊藤博文を処断したのはもっとも輝かしい闘争の成果だった。安重根は「義挙」の現場で「大韓万歳」を三度叫び、五ヶ月後の1910年3月26日、死刑執行の現場では「東洋平和」の三唱を願ったが許しを得られなかった。

安重根の平和思想を伝える記録としては二種が残っている。彼は1910年2月14日、死刑が宣告されるやいなや法院長との面談を要請した。三日後になされた面談で自身の構想する東洋平和実現の方途を述べた。通訳が面談の内容を記録し「聴取書」（日本語文）と名の付くのが残っている。もう一つは1910年3月18日頃、自叙伝「安応七の歴史」を脱稿した後直ちに執筆し始めた「東洋平和論」である。彼はこの文を終えた後に刑場の露になろうとしたけれど、3月26日、早期死刑執行で未完の遺稿として残った。

東アジアの知識人なら誰でも読めるように漢文で執筆した遺稿「東洋平和論」は、「序」「前鑑」「現状」「伏線」「問答」など五つの節に構想された。しかし「序」「前鑑」二つだけを終えた状態である。残りの三つの節にどんな内容を盛ろうとしたのかは知る由もないけれど、前になされた面談で東洋平和のため韓・中・日三国がすべ

きことを具体的に言及したのがあるので、残念ながらお
おおよそを類推して見ることができる。この外に訊問記録
の中にもたまに関連したのがあるけれど断片的な内容に
過ぎないので、二つの記録は安重根の平和思想を知りう
る核心記録である。

　この度安重根義士記念館で彼の平和思想を世界に広
く知らせるため、二つの文を一ヵ所に集め韓国語、英
語、中国語、日本語などの各国語に翻訳して出版するの
は大変意義深いことである。二つの中で後に書き始めた
遺稿「東洋平和論」が思想的な内容を盛っているなら、
「聴取書」には具体的な実現方案が披瀝されている。同
じ場で二つの文を読むとしたら内容的に遺稿を先立たせ
るのが順理的である。

　遺稿「東洋平和論」は先ず平和追及の当為性と目の前
の国際関係の形勢を説破した。安重根は、東洋が文だけ
を崇尚していて、欧米の機械文明に大いに遅れていたの
を日本が力を積んで早目にそれを収容して国力を養い、
一撃にロシアを挫いたのは驚くべきことだと高く評価し
た。ロシアが西方でいろいろ侵略行為があったほどに、
東洋で再び軍事基地を置き施設を拡張するのは、韓国・
中国の人達をして疑心を買うだけのことだったと指摘し

た。それで日本がロシアと戦争を起した時、両国の人達は十年前の大きな怨恨があったけれど、これを咎めず日本を支援してその勝利に寄与したとした。

　両国の人達は日本天皇の宣戦布告の詔勅に、東洋平和のための戦争だというのと韓国の独立を保障するというのを特別に明かしていて、日本を疑わずに援けたのだと当時の状況を敷衍説明しもした。

　この状況に対する理解を助けるため反対に彼は、両国の人達がこの戦争を過ぎた仇を撃つ機会として利用しようとしたなら、英国・ドイツ・フランス・アメリカなど他の西洋の国々がどのようにしたであろうかを考えて見よという。もしそのようにしたならこれ等の国々は、一様に海上に軍艦を浮かべ兵力を動員して競争的に利権を要求し、東アジアは台なしにされたのが火を観るようだとした。だから露日戦争で両国人達が日本を援けたのは咎めることでないし、ただそのようにして戦勝国になった日本が、アメリカで開かれた講和会議で敗戦国ロシアから一円の賠償金も貰えなかったのに、韓国の国権を奪う行為をしたのは東洋平和に背反する不法なことだと糾弾した。

　これにて日本はロシアよりもっと酷い侵略国家にな

り、すべての責任は日本に帰することになるしかないと断言した。それで私はハルビンで日本に対する戦争を始めたし、談判を求める旅順で真正な東洋平和の意見を提出するので、良識のある人達はこれを察してくれるよう望むとした。一言で「東洋平和論」は世界の知性に向けた声明書であり、その論説は明快なのが珍無頼である。それ故未完の文であるのに当代のどんな文より読む者の胸を刺す。

　「聴取書」に盛られてある東洋平和の方略はとても斬新で先進的である。彼は先ず領土は主が変えられないので、日本が戦勝の代価として占めている大連と旅順を中国に帰すべきだと言った後、この地等を韓・中・日三国の東洋平和実現の中心地とするのを提案した。日本がかくも強調したごとく西洋の白人国家等が東洋を脅すなら、三国が合同で対峙するのがもっと効果的だとした。すなわち軍事的に三国の青年達で構成する共同軍団をつくって旅順にその本拠地を置こうとする一方、経済的に欧米の資本主義経済からの脅威に対峙するため、三国が共同で使用する貨幣を発行し経済共同体を作ることを提案した。後者のため必要な銀行の設立は三国が幸い人口が多いので、会員制にて金を集めて設立するなら難しく

ないとした。彼はこの共同貨幣制が成功すればタイ・イ
ンドまで拡大しようともした。この共同貨幣通用を通し
た地域経済共同体の発想はとても独特なもので、当代の
欧米のどの知識人も言及しなかったことである。ヨーロ
ッパ共同体（EU）の構想より半世紀も先立つことで、安
重根の知識人としての高い水準を見せてくれている。

　伊藤博文の処断という事件一つに集中するならば、安
重根を軍事的な人物とだけ認識する危険性が多い。彼が獄
中で残した五十余の遺墨と文言が立証するように、彼は東
洋の古典を渉猟した高い水準の知識人だった。死刑を宣告
された日から五十余日間ほぼ一日に一点ずつ遺墨を書き続
けたが、全ての文言はほとんど頭の中から直に出た。安重
根は平素学問を手まめに修めた知識人として教育を通じた
立国を図っていたが、露日戦争で国権を脅かされる状況が
目の前に至るや、沿海州の大韓義軍の指揮官になって独立
戦争に先駆けた。そうしているうち伊藤博文のハルビン訪
問の消息を耳にし、特派隊結成で一番先に志願して大将に
なり処断に成功したのであった。法廷闘争で日本人の裁判
官と看守達が内心尊敬するようになったのも、高い水準の
知識と正義感から滲み出る彼の弁舌のためであった。この
本の刊行で、われわれの英雄安重根を『亜州第一の義侠』

を越え当代世界最高の知識人、平和思想家として認識する契機になるのを期待する。

　安重根の遺墨の中で読書の重要性を論すのを一つ伝える。『一日でも本を読まねば口の中がざらざらする』（一日不読書　口中生荊棘）という遺墨がそれである。本を読まなくて刺のある言葉の乱舞する世の中は貪欲の世界であるしかない。そこで果たして平和共存の潔いながらも崇高な考えが育てられようか。読書から祖国と人類の未来を求める彼の精神世界は実に深いながらも親近で、永遠なる英雄として崇められる。

2018. 10
李泰鎮
ソウル大名誉教授

東洋平和論

東洋平和論

- •「東洋平和論」原本の出所:
日本の国会図書館の憲政資料室が所蔵する「七條清美文書」の『安重根傳記及論説』
の中に発見したものである。漢文筆写本。
一「東洋平和論」は現在、その原書の所在が不明であるため、やむを得ず日本人に
よる漢文の筆写本（1979年に発見）を基に翻訳した。

- •「聴取書」原本の出所:
原本は日本の外務省外交史料館に収蔵されている。「伊藤公爵満州視察一件別冊」
中。

　おおよそ合すれば成功し、散らばれば敗れるというの
は千古に明らかな理である。今世界は東西に分かれてい
るし，人種もそれぞれ異なり互いに競争するのが茶飯事
である。農業や商業より日常生活に利する機器〔利器〕を
研究するのはもっとすばらしく、機関銃〔電気砲〕、飛
行船、潜水艦〔浸水艇〕を新たに発明したけれど、これ
はみな人を傷つけたり事物〔物〕を損ねる機械である。

　青年達を訓練させ戦場に追い込み数多くの貴重な命を
生け贄のように捨てるので、血が川を成し肉片が地にの
んべんだらりと散らばるのが日日絶えない。生を望み死
を嫌うのが人情の常なのに明るい世の中でこれは何たる
ありさまぞ。言葉と思いがここにおよべば骨が凍え心臓

が冷や冷やする。

　根本を問い詰めて見れば、古より東洋民族は文学にのみ力を注ぎ自分の国だけ気

　をつけて守ったのみで、全くヨーロッパの寸土も侵入して奪ったことがないのは、五大陸の人や獣、草木までもみな知っていることである。

　ところがヨーロッパ諸国は最近数百年来、道徳心をすっかり忘れ武力を事として競争する心を培い少しも憚ることがないのだが、その中でロシアがもっとも甚だしい。その暴力と残忍さが西ヨーロッパや東アジアのどこにも及ばぬところがなく満ち、罪が溢れ、神と人〔神人〕がみなともに憤怒した。その訳で天が一度機会を与え、東海の小島の国日本をしてこのように強大国ロシアを満州大陸で一撃に叩きのめすようにした。[2] だれがこのようなことを推量できたであろう。これは天の意に従い地の見守りを得たこととして人情にもそぐうものである。

　もし当時韓・清両国人の上下が同じく前日の仇を撃とうとして日本を排斥しロシアを援けたなら、（日本は）どうして大勝を収めるのを予想だにしたであろう。だが、

2　1904年〜1905年、露日戦争をいう。

韓・清両国人民はこのように行動する意志もなかったば
かりかかえって日本軍を歓迎し、運輸、道路整備〔治
道〕、偵探など骨が折れ大儀なのも忘れて力を注いて上
げた。これはどういう訳故なのか。二つの大きな訳があ
った。

　日本とロシアが戦争を始める時、日本天皇の宣戦布
告には『東洋平和を維持し大韓独立を強固にする』とし
た。このような大義が青天白日よりもっと明るかったの
で、韓・清人士は知恵ある人や愚かな人を問わず等しい
心で従ったのがその中の一つであり、日本とロシアの争
いが黄色人種と白色人種の競争だと言えるので、過ぎし
日の恨めしい心情が一朝にして消え去りかえって一つの
大きな愛種党を成したのだが、これも人情と理に当を得
たもう一つの理由であったといえる。

　痛快で壮んなるかな。数百年間悪を働いていた白色人
種の先鋒を鼓の音一つで大いにぶち壊したのだ。真に千
古に稀有なことであり世界が記念すべき業績である。当
時韓・清両国の志ある人達が一様に喜んで止まなかった
のは、日本の政略や事の処理が東西洋天地が開闢して以
来もっとも優れた〔魁傑〕大事業であり、しゃきっとし
たものと思ったからである。

悲しい。全く意外なことにも（日本が）大いに勝利した以後、もっとも近くてもっとも親しく、弱いけれど善良〔仁弱〕な同じ人種〔同種〕の韓国を力で抑えて条約を結んだし、3　満州の長春以南を租借に託けて占拠した。そのため世界一般人の頭の中に疑念が雲のように忽然と沸き起こり、日本の名声と正大な勲功が一朝にして覆り、蛮行を事とするロシアよりもっと酷いものに思うようになった。

　ああ、竜と虎の威勢にていかに蛇や猫のような行動をするというのか。かくも好い機会を再び求めようとていかに得られよう。惜しく痛嘆すべきことなるかな。「東洋平和」、「韓国独立」の単語は、すでに天下万国の人達の耳と目に伝わり金石のごとく信ずるようになったし、韓・清両国人達の肝と脳に刻まれた。このような文字と思想はたとえ天神の能力をもってしてもついに消滅させ難いことなのに、いわんや一人二人の智謀でいかに抹殺し得よう。

　今や西洋勢力が東洋へ伸びてくる禍難を、東洋人種が

3　1904年、通信・鉄道などを奪った韓日議定書と、1905年、外交権を奪った「乙巳勒約」を指称する。

一致団結して極力防御すべきことが第一の上策なのは、子供であろうともよく知ることである。しかるにいかなる理由で日本はこのような自然なる形勢を振り向かず、同じ人種の隣国を剥がし奪って〔剥割〕友誼を断ち、自ら貝と鴫〔蚌鷸〕が互いに噛み合う形勢[4] をつくり漁夫を待つかのようにするのか。韓・清両国人の本望が大いに断たれた。

もし（日本が）政略を改めず逼迫が日日甚だしくなるならば、いっそのこと他の人種に亡ぼされようとも同じ人種に辱めを受けるのは堪えられない、という議論が韓・清両国人の心の深いところから滾り立ち、上下一体となって自ら白人の手先になるのが火を観るより明らかな形勢である。

そのようになれば、東洋何億の黄色人種の多くの志士と慷慨の男児がいかに腕をこまねいて傍観し、東洋全体の真っ黒に焼け死ぬ惨状〔黒死惨状〕を座って待つだろうし、そのようにしてどうなるものか。それで東洋平和のための義なる戦い〔東洋平和義戦〕をハルビンで始

---

4 この時、漁夫が現れて難なく捕らえたので「漁夫の利」ということばが生じた。

め、談判を求める場を旅順口[5] に定めた後、東洋平和に
関する意見を提出するので諸賢は深く察せられるよう望
む。

一九一〇年　庚戌　二月
大韓国人　安重根
旅順監獄にて書く

5　この文で安重根は旅順と旅順口を混用した。

　古より今に至るまで東西南北どの州を問わず、推量
し難いのは大勢の飜覆であり知り得ないのは人心の変遷
である。

　過ぎし日（甲午年、1894年）清日戦争〔日清戦役〕を
見るにしても、当時朝鮮国の鼠のような盗賊の輩〔鼠竊
輩〕東学党の騒擾[7]により、清・日両国が兵力を動員し
て渡来し無断で開戦して衝突した。清国が敗れ日本が戦
いに勝った勢いを駆って遼東の半分を占領した。険峻な

6　前の人のしたことを鏡にして自らを警戒する．ここでは過ぎた歴史を顧みて
日本軍国主義の無謀さを警戒する意。

7　安重根義士は、東学農民運動が清・日など外国軍隊の韓半島介入の名分
を与えたと思った。

要塞の旅順を陥落させ（清国の）北洋艦隊を撃破した後下関〔馬関〕で談判を開いて条約を締結し、台湾を割譲してもらい二億円を賠償金として受けることにした。これは日本の（明治）維新後の奇跡だといえよう。

　清国は物資が豊富だし土地が広く日本に比べれば数十倍は優になるがどうしてこのように敗れたのか。古より清国人は自らを中華大国と称し、よその国を野蛮人〔夷狄〕と称して傲慢が甚だしかった。加えて権臣戚族が国権を欲しいままに弄んで〔擅弄〕官僚と百姓の仇になり、上下が不和だった故このように辱めを被ったのである。

　日本は（明治）維新以来民族が和睦に至らず争いが絶えなかったが、外交の紛争が生じてからは家中の争いが一朝にして止み力を合わせて一塊の愛国党を成したので、このような勝利を挙げるようになったのだ。これがいわゆる他人はいくら親切でも争う兄弟より良くはなれないというのである。

　この時のロシアの行動を記憶すべきであろう。その時東洋艦隊が組織され、フランス・ドイツ両国が連合して横浜港〔横港〕海上で大いに抗議を提起するや、遼東半

島が清国に還付され賠償金が減額された。[8] その外面的な行動を見ればすべからく天下の公法であり正義だと言える。だがその内容を覗いて見れば虎の悪意地よりもっと猛々しい。わずか数年の間に敏捷かつ狡猾な手段で旅順口を租借した後、軍港を拡張し鉄道を敷設した。

このようなことの根本を問い詰めれば、ロシア人が数十年来、奉天以南の大連・旅順・牛荘等の地に不凍港〔温港〕一ヵ所を無理にでも手に入れようとする欲望が、火のごとく津波のごとくであった。でも敢えて手を下せなかったのは、英・仏両国に天津を侵略された後（清国が）関東各鎮に新式の軍事施設〔兵馬〕を多く設備したので、敢えて無理に思い立つことができす絶え間なく涎だけ垂らしながら長らく時の来るのを待っているうち、ここに至り勘定が合致したのである。

正にこの時、日本人の中にも識見があり志のある者は誰でも腸がずたずたに千切れたではなかろうか。しかしその理由を詰めて見ればこのすべてが日本の過ちである。これが正に穴があれば風が生ずる理であり自分が先に撃つか

8　三国干渉（1895年に日本が清日戦争の結果得た遼東半島領有権に反対し、ロシア・フランス・ドイツの三国が日本をして遼東半島を清国に戻して上げるよう圧迫を加えた事件）をいう。

ら相手も撃つという格である。もし日本が先に清国を侵犯しなかったならば、ロシアがどうして敢えてこのように行動したのであろう。己の斧に己の足を切られた格である。

これにより中国全体のすべての社会言論が湧き上がったので、戊戌変法〔戊戌改変〕[9]が自然に養成され義和団[10]が立ち上がったし、日本と西洋を排斥する禍難が大いに起き上がった。それで八ヶ国の連合軍が渤海海上に雲集し天津を陥落させ北京を攻め入った。清国皇帝が西安府（西安）へ播遷するかと思えば、軍人と民間人〔軍民〕を問わず傷害を被った者が数百万人に上り、金銀財貨の損害はその数を数えられない。このような惨禍は世界の歴史上稀なことであり東洋の一大羞恥であるのみならず、将来黄色人種と白色人種間の分裂競争の止まぬ初の兆しであった。いかに警戒し嘆かずにいられよう。

この時ロシア軍隊十一万が鉄道保護を口実に満州との境界上に駐屯していてついに撤収しなかったので、ロシ

9　1898年、康有為・梁啓超などによる変法自彊運動で、百日目に失敗に終ったがその影響は至大であった。

10　清日戦争後、帝国主義列強の圧力に抗拒して1900年代に中国山東省各地方で表面化し、北京・天津各地に拡大された。反帝国反清俳外運動を展開した。

ア駐在日本公使栗野氏が舌がすり減り唇が水ぶくれする
ほど弊害を主張したけれど、ロシア政府は聞く振りもせ
ぬばかりかかえって軍隊を増員した。悲しい、日・露両
国間の大惨禍はついに免れられなかった。その根本原因
を論ずるならば究極的にどちらへ帰することになるだろ
う。これこそ東洋の一大前轍に値するであろう。

　当時日・露両国が各々満州に出兵する時、ロシアはた
だシベリア鉄道で八十万の軍備を搭載して運んだが、日
本は海を渡りよその国[11]を経て四、五軍団と軍需品と軍
糧を水陸併進で遼河一帯に輸送したから、たとえ予定し
た計画〔定算〕があったとはいえどいかに危険でなかっ
ただろう。決して万全な方策〔万全之策〕でなく実に向
こう見ずの戦い〔浪戦〕というしかない。その陸軍がと
った途をたどれば、韓国の各入り江の入り口と盛京・金
州湾などの地に上陸したのだから、四、五千里の距離を
経て来た水陸の苦しみは言わずとも推量できる。

　この時日本軍が連戦連勝はしたけれど咸鏡道をいまだ
切り抜けられなかったし、旅順口がいまだ撃破されなか
った上に奉天でいまだ勝てなかった時である。もし韓国

11　大韓帝国をいう。

の官民が一致して口をそろえ、乙未年（1895年）、日本人が韓国の明成皇后閔氏を無辜に弑害した仇をこの機会に打つべきだと四方に檄文を飛ばして立ち上がったなら、咸鏡・平安両道の間にあるロシア軍隊が予想だにしなかったところを突いて出て前後左右に衝突し、清国もまた上下が協同して過日の義和団の時のように立ち上がり、甲午年（1894年）の古びた仇を打つのだとして北清一帯の人民が暴動を引き起こし、虚実を探って防備のないところを攻撃するという説を流し蓋平・遼陽方面へ遊撃奇襲を展開して撃って出ながら守ったなら、日本軍は南北が裂かれた上に前後に敵を迎え中心と周辺すべてが苦境に陥る難を免れ難かったであろう。

　もしこの境地に至ったならば、旅順・奉天各地のロシア将兵達の鋭気が堂々として気勢が倍加し、前後に立ち塞がり左右八方やたらに突き当たったことであろう。そのようになれば、日本軍の勢力は頭と尾がきっかり合わず軍需品と軍糧米を供給し続ける方途が遥かだったことだろう。そのようになったならば、山縣有朋**12**・乃木

12　山縣有朋（1838〜1922）：1894〜95年、清日戦争の時、日本軍第1司令官として武功を大いにたて、伊藤博文についで二度も内閣総理大臣を歴任した。

希典[13]氏が図った方策〔謀略〕が必ず霧散されたことだし、また当然この時清国政府と主権者の野心が爆発して古びた恨みを晴らす時機も逸しなかったであろう。

いわゆる「万国公法」とか「厳正中立」とかなどの言葉は、みな近来外交家達の狡猾な手管〔詭術〕なので言ったことじゃない。軍事行動においては敵を欺くのを厭わないか〔兵不厭詐〕、意外の弱点を打って出るのを〔出其不意〕戦略家の妙策〔兵家妙算〕だと云々しながら、官民が一体になって名分もなく軍事を出動し日本を排斥する状態が極めて猛烈になったなら〔惨毒〕、東洋全体を吹き荒らす百年風雲をいかにしたであろう。

もしこのような境地に陥ったならば、ヨーロッパ列強が幸いに好機を得たとばかりに各々われ先にと軍隊を出動させたであろう。その時イギリスはインド・香港各地に駐屯している陸軍と海軍を併進させ、威海衛方面に集結させておいては必ず強硬手段で清国政府と交渉し追窮したであろう。またフランスはサイゴン・マダカスカル

---

13 乃木希典(1849〜1912)：清日戦争の時、日本軍陸軍中将、第2師団長として台湾を占領し台湾総督になった．露日戦争の時は陸軍大将、第3軍司令官になり、数万の兵力を犠牲にしながらも旅順占領に成功し、奉天まで進出してロシア軍と戦った。

にいる陸軍と軍艦を一時に指揮して、アモイなどの地に集まるようにさせたであろうし、アメリカ・ドイツ・ベルギー[14]・オーストリア・ポルトガル・グリースなどの東洋艦隊は渤海海上で連合し、合同条約を予め準備して利益を均占するのを希望したであろう。

そのようになれば、日本は致し方なく全国の軍事〔軍額〕と軍事費と全国家の財政を夜を明かして編成した後、満州や韓国などの地にただちに輸送したであろう。清国は檄文を四方に飛ばして満州・山東・河南・荊襄などの地の軍隊と義勇兵を急いで召集し、龍と虎が争う形勢で一大風雲を醸し出したであろう。もしこのような形勢が展開されたなら東洋の惨状は言わずとも想像するに余りがある。

この時韓・清両国はそのようにしなかっただけでなくかえって約章を遵守して毛頭動かず、日本をして偉大な功勲を満州地上に立てるようにした。これから見れば、韓・清両国人士の開明程度と東洋平和を希望する精神を十分に知ることができる。ところがその時露日戦争

14　原文は「義国」でベルギーとイタリアがみな該当するが、当時東洋艦隊を持っていたのはベルギーだった。

〔日露戦役〕が終るころ、講和条約[15]の成立を前後して韓・清両国有志の人士達の数多くの望みがみな切断されてしまった。

　当時日・露両国の戦勢を論ずるならば、開戦した後に大小の交戦が数百度だったが、ロシア軍隊は連戦連敗して心が傷つき気落ちして遠くで眺めながら戦いもせず逃走した。日本軍隊は百戦百勝しその余勢を駆って東にはウラディボストーク近くまでに至り、北の方にはハルビンに肉薄した。時勢がここまで及んだからには機会を逃すわけにはいなかった。どうせ始めた戦いだからたとえ全国力を傾けてでも一、二ヶ月の間死力を尽して進んで攻撃すれば、東にはウラディボストークを落して手に入れ北にはハルビンを撃破しうるのは火を観るような形勢であった。もしそのようになったならば、ロシアの百年大計は一朝にして必ず土が崩れ瓦の割れる〔土崩瓦解〕形勢になったであろう。いかなる理由で（日本が）そのようにせず、隠密にくだらなく先に講和を申し込み禍を根こそぎ抜き去る方途を取らなかったのか惜しむべき場合である。

_____

15　1905年9月4日に締結されたポーツマス条約。

それに日・露の談判を見るにしてもすでに講和談判の場は天下を議定するものなのにどうしてワシントンになるべきなのか。[16]　当日の形勢からいうならば、アメリカがたとえ中立で偏った心がないとは言えど、獣同士が争う場にもおよそ主客の形勢がある道理なのに、いわんや人種の競争する場にににおいておや。日本は戦勝国でロシアは敗戦国なのに、日本がなぜ自分の本意通りに決められなかったのか。東洋では優に当てはまるところがなくてそうしたというのか。小村寿太郎外務大臣が窮屈にも数万里遠くのワシントンまで行き講和条約を締結する時、サハリン〔樺太島〕半部を罰則条項に入れたのはあるいはそのような場合もあって異常ではないけれど、韓国をその中に投げ込んで優越権を持とうと名づけたのは根拠もないことだし、当を失った取り扱いである。過ぎし日下関〔馬関〕条約[17]　の時は、もともと韓国は清国の属邦だからその条約の中に干渉が必ずあるようになっているけれど、韓・露両国間には初めから関係のないはずなのにどんな理由でその条約の中に入らねばならぬとい

16　実際にはポーツマスで条約が締結された。

17　清日戦争後、伊藤博文と李鴻章が下関で結んだ条約。

うのか。

　日本が韓国に対しすでに大きな欲念を持っているならば、どうして自分の手段で自由に行動せずにこのようにヨーロッパ白色人種の条約の中に付け加えて入れ、永世の問題に作り上げたというのか。全く方策のない取り扱いである。またアメリカの大統領がすでに仲裁の主役になったから、韓国が欧米の間に置かれたのを仲裁の主役としては非常に驚くべきだし多少怪しい〔大驚小怪〕と思われたにしても、同じ種族を愛する義理をもってことを処理したはずは有り得ない。

　また（アメリカ大統領が）老練な手段で小村外相を篭絡して、若干の島の土地と破損された船と鉄道など残った物件を賠償として羅列し巨額の罰金を皆無くしてしまった。もしこの時日本が敗れロシアが勝利し談判する場をワシントンで開催したならば、日本に対する賠償要求が果たしてこのように弱少であっただろうか。だから世の中の事の不公平なのをこれを推して知りうる。

　これは他の理由でなく、過ぎし日東方を侵略し西方を征伐したロシアの行為が骨身にしみ憎むべきなので、欧米列強が各自厳正中立を保って互いに助けなかったのである。このように黄色人種に敗れた後事を纏める場でい

かに同人種としての情誼がなかったであろう。これは人情世態の自然な形勢である。悲しい。だから自然の形勢を顧みず同人種の隣国を害する者[18]は、ついに除け者にされる災難〔独夫之患〕を免れられないだろう。[19]

---

18 ここでは日本を指す。

19 安重根義士はここまで書き、残りは執筆できぬまま3月26日死刑が執行された。

Notes

• 「聴取書」は、安重根義士が1910年2月17日、旅順高等法院長の平石氏人と面談した際の内容を採録したものである。

[右被告安重根は、地方裁判所の判決に対して控訴するか否かを決める前に、高等裁判所長に上申したいことがあると刑務所長を通して申し出たので、高等裁判所長は通訳嘱託園木末喜の通訳により彼を引見したところ、被告は左の陳述をした。]

— 私に対する殺人被告事件につき地方裁判所の判決に対し不服の点があるので、まずこれから陳述いたします。

— 私はもともと伊藤公には会ったこともないです。それなのに、この度伊藤公を殺害することになったのは国家のためにしたのであり、決して一個人の資格でしたの

ではありません。だから本件は普通の殺人犯として審理されるべきものではありません。したがってこの裁判は当を得ないものとして不服です。

— 日韓五カ条および七カ条の協約は、韓国皇帝をはじめ韓国国民のすべてが快く締結したものではありません。日本が兵力の威圧で強いて締結させたものです。だから私達は義兵を起してこれに反対し、また伊藤公を殺すことになったのです。もし今回の裁判に服するならば右の協約に同意するのと同じでありますので、この点でも不服です。

— 私が韓国のため義兵中将として働いたのは日本人も認め、日本の軍隊および警察官も、安応七（安重根の字）という者が咸鏡北道とロシア境内にて韓国のために働いているのは認めています。この度の行為もその資格でなされたのだから、捕虜として取り扱いを受けるべきはずです。したがって、国際公法や万国公法を適用すべきものであるのに、旅順地方裁判所で審理をし判決を下すのは甚だ不当であり、日韓協約にも違反するものです。たとえ自分が今回の裁判に甘んずるとしても、各国

は日本を野蛮国として嘲ることになるのです。以上の理由でも今回の判決に不服です。

　—— 伊藤公が統監として韓国に臨まれる際、韓国のために計ると声明を出しましたけれど、これは単に各国に向けての口実に過ぎず、その真意はまったくこれに反しているのです。その証の一例をあげれば、日韓協約を締盟した李完用などの徒は、韓国人のすべてが、犬にも劣るものでその名さえ口にするのも恥ずかしいとしており、伊藤公をば敵視しているのです。伊藤公を生かしておけば東洋の平和を害するのみであります。東洋の一分子である私は、このような悪漢を除くのはその義務であると信じて殺害したのです。だから私を一般普通の殺人犯として処分するというのは非常に誤りであり、なお甚だしくは私を指して凶漢と呼ぶものがあるのは実に憤慨に堪えないので、この点からも不服です。

　—— 伊藤公は自分を肥やすために行動していたのです。日本の天皇陛下のご威徳を覆いこれを損なう悪人です。先般公判廷において検察官は、伊藤公は現在統監でないのにこれを殺すのは私怨であると論じたけれど、それは

誤っているのです。伊藤公は統監を辞した後もなおさまざまな干渉をし、合併問題まで生じさせたくらいです。私は決して私怨もしくは一私人として伊藤公を殺したのではありません。

—— 伊藤公は、韓国の上下が幸福で満足していると世界に宣伝しているけれど、それは事実に反しています。見る目の確かな者は必ず実情を察しています。その一例をあげれば、韓国の前皇帝は聡明であられるので、伊藤公は意のままに皇帝を左右することができず都合が悪いので、前皇帝を廃しこれに劣る現皇帝を立てたのです。韓国人は開国以来、かつて他国を侵略しようとしたことのない、すなわち武の国でなく文の国の善意の民であります。それなのに伊藤公は、これを侵略し自分の意のままにしようとし、有能な者すべてを殺害したのです。このような者を生かしておけば東洋平和を害するので、私は東洋平和のために彼をこの世から除去したのであり、一私人の資格ではありません。

—— 前回も申し立ててはおりますが、日露開戦当時日本の皇帝は、宣戦詔勅に韓国の独立を強固にすると記して

あり、また日韓協約にも同様の文字があります。それなのに、伊藤公は韓国の軍部を廃するとともに司法権を日本に引き継ぎ、行政権までもまた引き継ごうとしているのです。これらは韓国独立うんぬんと言ったことに反しているので、韓国皇室の尊厳を保つというのもほとんど名のみです。日露戦役において日本の青年数万の命を失い、日韓協約成立においても多数の人命を失いました。これらは皆伊藤公の政策が良くないために生じたのです。このような悪漢を除去したのになぜ過大な処罰を受けねばなりませんか。あたかも大盗を赦して小盗を処罰するのと同じなので、実に不当であると思います。

― 世人は伊藤公を二十世紀の英雄とか偉大な人物として賞賛していますが、私から見れば極めて小人物の奸悪な徒だと思います。日清、日露、日韓関係のいずれも伊藤公の政策が当を得ていないので、弾丸の飛来を一日も休む暇がありません。諺に天に従うものは起り天に逆らうものは滅ぶとあります。日露宣戦の詔勅に韓国の独立を強固にするとあり、これは天の意を受けたもので日本皇帝の聖意だとも思います。開戦当時はだれも日本の勝利を予測した者はありません。それなのに勝利を得たと

いうのは、天に従って起るの理に因ったのです。伊藤公は日本皇帝の聖意に反する政策を執ったので、今日のように日本と韓国を窮地に陥らせたのです。強に過ぎれば折れるということばがあります。伊藤公の行為は奸悪で強に過ぎるのであります。それが人心を収攬しえないだけでなく、かえって反抗心を盛んにさせることになるのです。

— 伊藤公の政策は止むを得ずして出されたものなのを私も了解します。日本は今日非常な財政困難状況にあります。その欠損を補うために清韓両国に同様の政策を用いているのです。しかしそれは誤っていて、あたかも自分の肉を割いて餓えを耐えようとするのと同じであり、一時の餓えを凌ぎ得たとしても更に大きな苦痛が来るのを知らないので、心ある者はだれも伊藤公の政策を笑わぬものはありません。

日本の東洋における地位は人体にたとえるならばあたかも頭部です。だから国際間の問題を注意深く取り扱わねばなりません。それなのに伊藤公の政策は、国際情勢に疎い韓国人はもちろん、露清米各国も日本を懲らしめようとしてその機会が来るのを待っています。今日そ

れを改めなければ禍はたちまち到来し、日本は各国に対して東洋平和を撹乱するという責務を負わねばなりません。日本は東洋平和についてはいずれにしても責任を免れられないのです。過ちを改むるに憚ることなかれという金言があります。もし私が日本の責任者なら政策につき取るべき意見をもっております。今これを陳述すれば他に差し支えを及ぼすかとも思われますので、ここでは陳述しません。

　以上東洋平和における大勢を申し上げましたが、これもまた私の今回の行為が罪にならない理由であるのです。

[高等裁判所長は、被告の懐抱する政策とはどんなものなのかを問うた。]

　― 私の持っている政策意見を陳べても差し支えがないならば申し上げます。私の意見は愚見として嗤いを招くかも知れませんが、これは昨日今日の考えではなく数年来持っている意見であります。

　私が今申し上げる政策を実行すれば日本は泰山のように安泰であり、各国に対しては非常な名誉を得ることに

なります。覇権を掌握しようとするならば非常の手段を施さねばならぬと言います。日本の執って来た政策は、二十世紀においては甚だ飽き足りないものです。すなわち従来各国が使って来た手を真似ていて、弱国を倒してこれを併呑しようとする手なのです。このようなことでは決して覇権を握ることはできません。いまだ列強国のしないことをせねばなりません。今や日本は、一等国として列強国と肩を並べて進んで行きつつありますが、その性質の急なのが日本の欠点であり、日本のために惜しむところであります。

　――日本のためにすべき急務としては第一に財政の整理です。財政は人間にとっての元気ですので、財政を育成して国の元気を強くさせるのです。第二には列強国の信用を受けることです。今日日本は信用を受けていません。第三に日本は、右に申し上げたように各国からその隙を窺われているので、それに答える方法を案じなければなりません。

　この三大急務を完全にする方法はなんなのか。私の考えでは容易であると思います。戦争もなにも要しません。ただ一つに心を改めることであるなので、その一つ

の着手として伊藤公の政策を改めるのです。伊藤公の政策は全世界の信用を失くすもので、日韓協約のようなのは心服するところか、かえって反抗心を挑発させたに過ぎません。なんら得るところがないのです。日韓清は兄弟の国なので極めて親密にせねばなりません。それなのに今日の状態は、あたかも兄弟仲が悪くその一人が他人に援助を求めるようなので、世界にその不和を発表しているのと同じです。

　日本がこれまでの政策を改めると世界に発表するのは、甚だ恥辱のようでもありましょうがそれもまた止むを得ない次第です。その新たな政策としては、旅順を開放して日清韓の軍港となし、この三国から有為の者を同地に会合させて平和会のようなのを組織し、それを世界に公表するのです。これは日本の野心のないのを示すことなのです。旅順をいったん清国に還付し、平和の根拠地とするというのがもっともその策を得たものと信じます。覇権を握ろうとするならば非常の手段が必要だというのがこの点なのです。旅順の還付は日本の苦痛とするところであるが、結果においてはかえって利益を与えることになるので、世界各国はこの英断に驚嘆して日本を賞賛し信頼を加え、日清韓は永久に平和と幸福を得るこ

とになるのです。また財政整理からいえば、旅順に組織した東洋平和会の会員を募集し、会員一人から一円を会費として徴収するのです。日清韓数億人がこれに加入するのは疑いありません。銀行を設立し各国が共有する貨幣を発行すれば必ず信用を得ますので、金融の点においては自然に円満になり、各要所に平和支会を設けるとともに銀行の支店をおくのです。このようにしてはじめて日本の金融は円満になり財政は完全になるのです。

旅順の警備としては日本から軍艦五六隻を旅順港に繋留しておくのです。以上のようにすれば旅順を還付したとしても、その実は日本の領有と少しも異なりません。

― 以上の方法によって東洋平和は完全になりますが、列強国に備えるための武装はしなければなりません。それは日清韓三国から各代理員を派出してこれに当たらしめ、三国から強壮な青年を集めて軍団を編成するのです。そしてその青年には各二国の言語を学ばせば、語学の進歩に伴い兄弟の国としての観念が強固になります。

このような日本の偉大な態度を世界に示せば、世界はこれに感服して日本を崇拝し敬意を表するようになります。このようにすれば、たとえ日本に対し野心を持つ

ている国があったとしてもその機会を得るのが難しくなります。このようにして日本は輸出がますます多く財政も豊富になり、泰山のような安定を得ることになるのです。清韓両国もともにその幸福を享け、また各国に対してはその模範を示すようになるのです。そして清韓両国は無論日本を主として仰ぐことになりますので、商工業の覇権もまた争わずして日本に帰するようになります。満州鉄道問題から派生している紛争のようなのは、夢にさえ見ることができません。

　このようになれば、インド、タイ、ベトナムなどアジア各国は進んでこれに加盟を申し込み、日本は座ったまま東洋を掌中に収めることになります。

　一　殷が亡ぼうとするころ、列国は周の天子を擁してついに周の天下の覇権を握ることになりました。今日世界列強国がどうしてもなし得ないことがあります。ナポレオン時代までは、カトリック法王より冠をいただいて王位についたのです。ですがナポレオンがそれを破壊したため、それ以後これをなし得た者がありません。日本がこのようにして覇権を掌握した後、日清韓の皇帝がローマのカトリック法王に面接して誓いをし冠をつければ、

世界は非常に驚異いたします。目下カトリック教は世界における宗教の三分の二を占めております。世界の三分の二を有する民衆から信用を得ることになれば、その勢力は非常なものであります。もしこれらに反対されれば、いかに日本が強国であってもどうすることもできません。

— 韓国は日本の掌中にあるので、日本の方針によってどうにもなるのです。だから日本で右に申し上げた通り政策を執るならば、韓国もまたその余慶に浴することができます。

— なお日本のために慨嘆に堪えないことがあります。それは日露戦争当時は日出露消と称し日本の全盛時代でありました。ですが今日の清韓人は日冷日異と称しております。これは日本が衰亡の状態にあるのを言っているので、日本は非常な注意を払って政策を行わなければ、回復することのできない苦境に陥ります。この点については日本当局の反省を求めるのです。

[ここにおいて高等裁判所長は、被告の上申はさることなが

ら、裁判所においては一個の殺人犯として取り扱うだけである。被告の上申はこれを配慮することも、それに副う特別の手続きをとることも出来ない旨を懇ろに諭したところ、被告はその意を了解した。]

— 私は当初から一死をもって国家のために尽す意志でありますので、今さら死を恐れて抗告を申し立てるようなことはいたしません。ただ私は今獄中で東洋政策および私の伝記を書いているので、これを完成させたいです。また洪（フランス人、洪錫九）神父が韓国から私に会いに来てくれるというので、その面会の機を得たいです。したがって私の刑の執行は、私の信ずるカトリック教においては記念すべき来る三月二十五日まで、猶予していただきたく嘆願いたします。

右記録する
明治四十三年二月十七日
関東都督府　高等裁判所
書記　竹内静衛

日本对于韩国，既有大欲，则何不自己手段自由自行，而如是添入于欧罗巴白人种之约章之中，以作永世之问题乎！都是没策之事也。且美国大统领已为仲裁之主，则若韩国处在于欧美之间，仲裁主必是大警（惊）小怪，以爱种之义万无应从之理矣。

且以狻猊手段笼络小村外相，但以若干海岛地段与破舷、铁道等残物排列赔偿，而巨额罚金全废矣。若此时日败露胜，谈判席间催于华盛顿，则对于日本征出赔偿，岂可如此略小乎？然则世事之公不公推此可知，而此无他故，昔日露国来侵西伐，行为痛憎，故欧美列强各自严正中立，相不救助矣。既是逢败于黄人种后，事过结局之地，岂无同种之谊哉？此人情世态自然之势也。

噫！故不顾自然之形势，剥害同种邻邦者，终为独夫之患，必不免矣。

翻译 ————————————

金月培 Kim, Weol-bae
- 哈尔滨理工大学韩语系教授

审校 ————————————

王珍仁 Wang, Zhenren
- 大连现代博物馆及旅顺日俄监狱旧址博物馆研究员
- 前旅顺日俄监狱旧址博物馆副馆长

楊秀芝 Yang, Xiuzhi
- 弘益大 教養學部 教授

·韩语、英语、汉语、日语等翻译中可能存在不统一的内容或是表达方式。用汉文著述的《东洋和平论》手抄本（1979年发现）与以前用日语记录的《听取书》由于存在一些难以用当今标准去理解的时代性表达，因此不同的翻译可能会存在不同的解释，而且各翻译家们在翻译过程中为使用其它语言更有效地进行表达，选择了不同的句子。还有一个原因就是安重根义士本身也使用了一些独特的文体以及费解的表达方式—译者注。

安重根的和平思想

"和平"或许是人类历史上最脍炙人口的词语。尤其是与由于意识形态的矛盾而无法预测未来发展的冷战时期相比，现在人们对"和平"的呼声更高。因为当今世界不论何地，由领土、人种、宗教等多种意识形态导致的纷争、矛盾以及暴力从未停止过。

一百年前的世界也不比现在更和平。当时，不仅科学技术遥遥领先的西方国家不断蚕食保有先进文明的东洋国家，而且亚洲地区较早接受西方文明的日本也开始侵略东亚各国。正值此时，热血沸腾的大韩青年安重根目睹国家的危局后，指明侵略韩国的元凶就是伊藤博文。他认为伊藤是扰乱亚洲地区和平的当事人，只有除掉他，大韩民国才能恢复独立，亚洲地区才能重新走上和平的道路。

安重根于1879年出生在朝鲜半岛北部黄海道海州的

一个富有家庭，是家中的长子。他的胸前和腹部有7颗黑痣，有承北斗七星灵气而出生的寓意，所以乳名被取为"应七"，既被称为安重根，也被唤为安应七即是出自这种原因。在成长过程中，他精通骑马和打猎，并被称为名射手，安重根还曾和父亲一起镇压过东学农民军，这一切都体现出他的热血衷情与众不同。

1910年10月26日是安重根在哈尔滨以承载韩民族夙愿的子弹射杀伊藤博文的日子，他当场被捕并在旅顺法院被判处死刑。被捕后，他在日本检察官沟渊面前振振有词地列举了理由，行刺伊藤是因为他践踏了大韩民国的自主权和财产权等重要国权，除此之外别无选择。安重根在被关押的5个月期间，除了经过数次的审讯和超高强度的公判外，还于2月14日被判处死刑，需要强调的是当时对政治犯是并不判处死刑的。安重根曾在以乳名为题的短篇文章《安应七历史》中，对东洋和平思想的理论依据进行了详细阐述。

天生万民，四海之内皆为兄弟，各守自由好生厌死人皆常情。今日世人例称文明时代，然我独长叹不然，夫文明者勿论东西洋贤恶，男女老少各守天赋之性崇常道德相无竞争之心安土乐业共享泰平是可曰文明也。

安重根比谈及"追求自由、平等、幸福的权利"的《美国独立宣言》更上一层楼，强调了应当尊重人类生命并应当持有不分人种、能力、年龄、性别的人类观，同时也对当代发达国家开发杀伤性武器并盲目使用进行了批判。在面对发达国家违背自然规律，图谋引起矛盾和纷争，尤其是伊藤充当急先锋杀戮包括韩国在内的亚洲无数青年时，他无法忍心袖手旁观。

安重根在进行哈尔滨义举和旅顺法庭斗争的过程中还留下了两篇著述：其一是他应日本帝国主义的要求于1909年12月13日开始执笔，历经93日而完成的狱中自传《安应七历史》；另一个则是代表安重根终极目的的著述《东洋和评论》[1]。安重根在受到日本刑事法庭的死刑宣判后，为详细阐明自己的和平构想开始执笔《东洋和评论》，同时他还申请了与高等法院院长的面谈。在宣判死刑3天后，即2月17日进行的面谈中[2]，包括了他想撰写的《东洋和评论》的主要内容，因此非常重要。

---

1 安重根的著述，即《安应七历史》与《东洋和评论》的部分原稿，目前保管位置不详。

2 与平石高等法院长的面谈以《听取书》（日语名）为题被记录下来，并作为主要部分收录于此书中。

《东洋和评论》原本预计由序论、前鉴、现状、伏线、问答等五个部分构成。但是由于日本违背高等法院院长的约定突然执行死刑，安重根只执笔了序论和前鉴的一部分后便被迫中断。然而这短短的开头本身已经表现出当时安重根对国际秩序和情况的慧眼和洞察力，而且他向高等法院长所披沥的维持和平的方法论已经道出了未完成的《东洋和评论》的真谛。

如果将一直以来单独存在的《东洋和平论》的序论部分与平石法院院长的《听取书》放在一起看，就可以领悟到青年安重根在一百余年梦想确立的和平世界并不是遥不可及的。当时安重根执笔的《东洋和平论》是用汉文撰写的，而《听取书》则是由日文记录的，因此对于当代读者来说很难理解。这次我们将全部内容翻译成现代语言，并且为了包括韩国读者在内的世界各国读者，我们还将其翻译成韩语、英语、日语、中文等多种语言，汇集于一本书出版。

通过考察一个世纪前亚洲的一名青年所梦想的"和平"究竟是什么，亚洲的和平为何能够实现，以及能否将他的梦想援引至现代等问题，希望各位读者能够感受到追溯历史的乐趣。在此特别向将本书译成现代英语的成均馆大学的孙泰诛教授，负责日语翻译的庆尚大学的申

铉和名誉教授，负责中文翻译的哈尔滨理工大学的金月培教授表示衷心的感谢；同时对首尔大学的李泰镇名誉教授在整个过程中提出的各种宝贵意见俯首致谢；最后向欣然同意出版首版《安重根的东洋和平论》四国语言译本的"首尔选择(Seoul Selection)"杂志社的金亨根社长以及各位编辑表示由衷的谢意。

2018.10

李英玉

安重根义士纪念馆 馆长

《东洋和平论》和《听取书》

19世纪末20世纪初是弱肉强食的帝国主义时代,也是韩国等弱小国家容易成为财货的时代。首先吸收了西洋技术文明的日本以武力夺取了韩国的国权,日本的行为无论从何种角度看都是不道义,也是不合法的。难道这是一个没有可以限制日本的力量或措施的时代吗?

当时为戒备帝国主义的急速发展带来的危机,欧美的国际社会正在开展国际和平运动。1900年美国的钢铁大王安德鲁·卡耐基为国际和平运动捐出4千万英镑,1910年启动卡耐基国际和平基金以运营这笔资金。基金的第一项事业就是在海牙建设和平宫,海牙和平宫于1913年开始开放,并成为和平运动的中心。1896年以发明炸药而闻名的瑞典发明家阿尔弗雷德·诺贝尔立下遗嘱,将自己积累的财产用于奖励对三个科学部门(物理学,

化学，生理学或医学）以及文学、和平等五个领域的发展有贡献的人物。1900年诺贝尔奖财团成立并从第二年起开始授奖。其中和平奖与其他部门不同，由军费最少的邻国挪威的议会运营，红十字会的创办者亨利·杜南当选为首位获奖者。此后，诺贝尔和平奖除了选定并奖励对国际和平有贡献的人物或组织以外，还与卡耐基和平基金一起担负起唤醒和平运动重要性的角色。功到自然成，1920年人类历史上最初且最大的和平维持组织国际联盟诞生了。

欧美世界的国际和平运动对远方的东亚也产生了影响。然而，最先吸收西洋文明的日本却曲解和平的理念并展开了截然不同的历史。以伊藤博文为首的日本政治家们为了掩饰日本帝国主义的侵略政策利用了欧美的国际和平运动。

1890年代中半日本结束了清日战争后，利用将近十年的时间投入巨额资金扩张军备，于1904年2月又发动了俄日战争。恰逢日本在备战过程中西欧爆发了国际和平运动，日本的政治领导人们便将自己发动的战争包装宣传成东洋和平战争，并提出为了东洋和平不得不与伺机进入东洋的俄罗斯斗争之无稽之谈。战争结束后，日本以胜战为由掠夺了韩国的外交权并强制签订了《保护条约》，将

其侵略性暴露无遗。

韩国皇帝为了向国际社会揭露这一条约的不法性与强迫性，于1907年6月派遣3名特使到荷兰的海牙参加第二次万国和平会议。日本政府在其虚伪和不法行为暴露后，强制韩国皇帝退位，并以虚假条款解散了韩国军队。韩国人在国内外展开义兵运动，谴责日本的不法强制行为，并为守护国权展开了血的斗争。

1909年10月26日安重根以大韩义军特派队队长的身份在哈尔滨火车站处决了夺取韩国国权的元凶伊藤博文，这正是最光彩夺目的斗争成果。安重根在"义举"现场高呼三声"大韩万岁"，并于5个月后的1910年3月26日在死刑执行的现场请求三唱"东洋和平"，但是却未能获允。

现存的传达安重根东洋和平思想的记录共有两份。他在1910年2月14日接到死刑宣判后立刻申请与法院长面谈，并在3日后进行的面谈中谈到了自己构思的实现东洋和平的方法。翻译将面谈的内容记录下来并以《听取书》（日文）的名称保留下来。另外一份是1910年3月18日前后，他在自传《安应七历史》脱稿后立即开始执笔的《东洋和平论》。本想在完成这篇文章后再前赴刑场，但却由于3月26日早期死刑执行的原因而留下了未完成的遗稿。

遗稿《东洋和平论》是以东亚知识人都可以读懂的

汉文执笔，由序、前签、现状、伏线、问答等五个章节构成，遗憾的是只有《序》和《前签》两部分得以完成，剩下的三个章节具体包含了什么内容无从知晓。但是，安重根在之前的面谈中已经具体谈到了中日韩三国为东洋和平所应尽的职责，因此能推测出后面的大致内容。此外，审讯记录中也偶尔涉及相关内容，不过都是片断，上述两则记录才是了解安重根和平思想的核心记录。本次安重根义士纪念馆为了向世界弘扬安重根的和平思想，将两份记录收录在一起，并翻译为韩文、英文、中文、日文等多种语言出版，这是一件意义深远的事情。如果说二者中后来开始执笔的遗稿《东洋和平论》承载了思想层面上的内容，《听取书》则是披沥了具体的实现方案。如果同时来读两篇文章，那么从内容层面考虑先读遗稿会比较顺利。

遗稿《东洋和平论》首先点破了追求和平的当为性与眼前国际关系的形势。安重根高度评价到，东洋只崇尚"文"导致大大落后于西方的机械文明，日本积蓄力量快速吸收西方文明，增强国力从而一举折服俄罗斯是一件异常惊人的大事。同时，他还指出俄罗斯在西方已经犯下许多侵略行径，而在东方再次设下军事基地增加设施这一举措是充分能够引起中韩两国人民怀疑的。因此，日俄交战时，中韩两国人民虽对十年前的事情满怀怨恨，但还

是不计前嫌支援日本，并为其胜利做出贡献。

安重根又对当时的情况做了补充说明，当时两国人民看到日本天皇的宣战布告诏书中特别阐明了此次战争是为了东洋和平，保全韩国独立，因此毫不怀疑地帮助了日本。为有助于理解这一情况，安重根又提出不妨反过来考虑一下如果两国人民将这次战争作为向冤家报仇的机会的话，英国、德国、法国、美国等其他西洋国家会作何反应。如果真是这样，这些国家就会一起在海上集结多艘军舰，动员兵力相互竞争提出利权要求，当东亚产生分裂时，他们就如隔岸观火。因此我们不能谴责日俄战争时中韩两国人民帮助日本，只是当时战胜国日本出席在美国举行的媾和会议时，没能从战败国俄罗斯那里获得一分钱的赔偿金，但却掠夺了韩国国权这一行为应该受到强烈谴责，这是背叛东洋和平的不法行为。因此，安重根断言日本是比俄罗斯更过分的侵略国家，所有的责任也只能归结于日本。

"我在哈尔滨开始了对日本的斗争，为了获得谈判的机会，在旅顺提出了真正的关于东洋和平的意见，希望有良知的人们都能够注意到这一点。"总而言之，《东洋和平论》是面向世界知识分子的声明书，其评论实在是令人难以释然。因此虽然是未完成的文章，却比当代任何文章

都更刺痛读者的心。

《听取书》中记载的东洋和平方略非常具有创新性和先进性。他首先提出领土是不能易主的，主张日本以胜战的代价占领的大连和旅顺应该返还给中国，还提出应将此地作为实现中日韩三国东洋和平的中心地一方案。如同日本一贯强调的，如果西洋白人国家威胁东洋，那么三国共同应对则会更有效果。从军事层面，三国青年共同构成军队并在旅顺设立大本营；从经济层面，为了抵抗欧美资本主义经济带来的威胁，应发行三国共同使用的货币并创建经济共同体。为了经济，应设立所需银行，而幸好三国人口众多，采用会员制募集资金并不难。如果共同货币制度成功的话，他还想推广到泰国及印度等地。通过共同货币的统一使用来实现地区经济共同体的这一构想十分独特，当代欧美的任何一个知识分子都未曾提及过，安重根的设想领先了欧洲共同体（EU）半个世纪，这充分体现了他作为知识分子的极高水平。

如果仅集中在处决伊藤博文这一事件上的话，则很有可能只把安重根标识为军事性人物，而实际上如在狱中留下的50余幅遗墨上字句中所例证的，他是一位涉猎东西古典的高级知识分子。从接到死刑宣判那天起的50余日，他几乎每天完成一副遗墨，而且所有的文章都是从他的

脑海中提取的。

安重根是平时勤学苦练的知识分子，本希望通过教育来立国，但是日俄战争期间他目睹了国权受威胁的情况，便出任沿海州的大韩义军指挥官冲锋在独立战争前线。期间听闻伊藤博文将访问哈尔滨的消息后决定成立特派队，他最先提出自愿担任队长，并在处决行动中一举成功。在法庭的斗争中，日本人法官和看守发自内心地尊敬他也是因为他在辩论时展现出高水平的知识和正义感。

希望以本书的刊行为契机，韩国英雄安重根可以突破"亚洲第一义侠"，以当代世界最高的知识分子与和平思想家的身份得到世人认同。

安重根的遗墨中有一幅强调读书重要性的作品，即"一日不读书，口中生荆棘。"不读书的话，言语中充斥着布满荆棘的世界只会是贪欲的世界，在这样的世界里又怎能滋长和平共存的光明正大的思维方式。他在读书中寻找祖国和人类未来的精神世界真是既深厚又亲切，无愧为"永远的英雄。"

2018. 10
李泰镇
首尔大学名誉教授

东洋和平论

東洋平和論

目录

•《东洋和评论》原本出所：

   收录在日本国会图书馆宪政资料室《七条清美文书》的《安重根传记及论说》
   中。 汉文书写本。

   —《东洋和平论》原本的所藏地现在不详，因此不得不根据日本人的汉文手抄本
   （1979年发现）来翻译。

•《听取书》原本出所：

   日本外务省外交史料馆内藏有原本。 收录在「伊藤公爵满州视察一件别册」中。

序

夫合成散败，万古常定之理也。现今世界东西分球，人种各殊，互相竞争，如行茶饭。研究利器甚于农商，新发明电气砲（炮）、飞行船、浸（潜）水艇皆是伤人害物之机械也。

训练青年驱入于战役之场，无数贵重生灵，弃如牺牲，血川肉地，无日不绝。好生厌死，人皆常情，清明世界，是何光景？言念及此骨寒心冷。究其末本。

则自古东洋民族，但务文学，而谨守自邦而已，都无侵夺欧洲寸土尺地。五大洲上，人兽草木，所共知者也。而挽近数百年以来，欧洲列邦，顿忘道德之心，日事武力，养成竞争之心，小无忌惮。中俄国尤极甚焉。共暴行残害，西欧东亚，无处不及，恶盈罪溢，神人共怒，故天赐一期，使东海中小岛日本，如此强大之露国，一举打倒

于满洲大陆之上，孰就能度量乎[3]！

此顺天得地，应人之理也。当此之时，若韩清两国人民，上下一致，欲报前日之仇雠，排日助俄，则无大捷，岂能足等哉？然而韩清两国人民，考无如此之行动，不啻，反以欢迎日兵，运输治道、侦探等事、忘劳专力者。何故？有二大件事：日露开战之时，日皇宣战书（称），东洋平和维持，大韩独立巩固云。如此大义，胜于青天白日之光线。故韩、清人士，勿论智愚，一致同心，感和服从者，一也。

况日露开仗，可谓黄白人种之竞争，故前日之仇雠，心情一朝消散，反成一大爱种党。此亦人情之顺序矣，可谓合理之一也。快哉！壮哉！数百年来行恶，白人种之先锋，一鼓大破，可谓千古稀罕事业，万邦纪念表绩也。时韩、清两国有志家，不谋以同样，喜不自胜者。日本政略，顺序就绪，东西球天地肇判后，第一等魁杰之大事业，快建之样自度矣。噫！千千万万料外，胜捷凯旋之后，最近最亲仁弱同种韩国勒压[4]，定约满洲、长春以南，托借占据。故世界一般人脑疑云忽起，日本之伟大声名、正大功勋一朝变迁，尤甚于蛮行露国也。呜呼！

以龙虎之威势，岂作蛇猫之行动乎？如此难逢之好期

3　指1904~1905年的日俄战争。

4　指1904年掠夺通讯、铁路的《韩日议定书》与1905年掠夺外交权的《乙巳勒约》。

182

会，更求何得，何惜，可痛也！

至于东洋平和、韩国独立之句语，已经过于天下万国人之耳目，信如金石。韩、清两国人，捺章于肚脑者矣。如此之文字思想，虽天神之能力，卒难消灭，况一二个人智谋，岂能抹杀耶！

现今西势东渐之祸患，东洋人种一致团结，极力防御，可为第一上策。虽尺童瞭知者也。而何故日本如此顺然之势不顾，同种邻邦剥割，友谊顿绝。自作蚌鹬之势[5]，若待渔人耶？韩、清两国人之所望大绝且断矣。若政略不改，逼迫日甚，则不得已，宁亡于异族，不忍受辱于同种。议论涌出于韩、清两国人之肺腑，上下一体，自为白人之前驱，明若观火之势矣。然则，恶东几亿万黄人种中，许多有志家、慷慨男儿，岂肯袖手傍观？坐待东洋一局之黑死惨状，可乎？故东洋平和义战开伏于哈尔滨，谈求席定于旅顺口[6]，后东洋平和问题意见提出，诸公眼深察哉。

一九一〇年庚戌二月
大韩国人安重根
苦在旅顺监狱

5 　此时渔夫出现，不费吹灰之力即带走，"渔夫之利"一词也因此产生。

6 　本文中安重根义士混用了旅顺与旅顺区。

前
鉴[7]

　　自古及今，无论东西南北之洲，难测者，大势之翻覆
也；不知者，人心之变迁也。

　　向者(甲午)年，日清战役论之，则其时朝鲜国鼠窃辈
东学党之骚扰因缘[8]，清日两国，动兵渡来，无端开战，
互相冲突。日胜清败，乘胜长驱，辽，东半部占领，要险
旅顺陷落，北洋舰队击破后，马关谈判开设，条约缔结，
台湾一岛割让，二亿赔金定钦。

　　此谓日本维新后一大纪迹也。清国物重地大，比于日
本，足可为数十倍，而何故如是见败耶？自古清国人，自

_____

7　以前人之事为鉴自我警戒，这里指重温历史，警戒日本军国主义的无耻行
径。

8　安重根义士认为东学农民运动为清日等外国军队干涉韩半岛提供了借口。

称中华大国，外邦谓之夷狄，骄傲极甚。况权臣戚族，擅弄国权，臣民结仇，上下不和，故如是逢辱者也。

日本维新以来，民族不睦，竞争不息矣。及其外交竞争，既生之后，同室操戈之变一朝和解，混成联合，作成一块爱国党，故如是奏凯者矣。此所谓亲切之外人，不如竞争之兄弟也。此时露国，行动记臆哉！

当日东洋舰队组织，法德两国联合，横滨海上。大抗论提出：辽东半岛还付于清国，赔金除减[9]，观其外面的举措，可谓天下之公法正义。然究其内容，则甚于虎狼之心术也。不过数年，敏（狡）滑（猾）手段，旅顺口租借后，军港扩张，铁道建筑，推想事根，则露人数十年以来，奉天以南大连、旅顺、牛庄等地，温港一处，勒取之欲，如火如潮。然莫敢下手者，清国一自英法两国来侵天津以后，关东各镇新式兵马，多大设备，故不敢生心，此流涎不息，久失，期会矣。伊时适中其等也。当此时，日本人具眼有志者，孰不肠肚尽裂哉！

然究其理由，则此都是日本之过失也。此所谓有孔生风，自伐以后，他人伐之。若日本不先侵犯于清国，则露

国安敢如是行动耶？可谓自斧伤足矣。自此以后，中原一局，各般社会言论沸腾，故戊戌改变[10]，自然酿成；义和团猖起[11]，排日斥洋之祸大炽，故八国联合军云集于渤海之上，天津陷落，北京侵入。清帝播迁于西安府，军民间伤害，至于数百余万人，金银财货之损害，不计其数。如此之惨祸，世界上罕有之劫会，东洋一大羞耻。不啻，将来黄白人种分裂争竞不息之始兆也，岂不警叹哉！

此时，露国军队十一万，称北铁道保护，驻屯于满洲境上，终不撤还。故驻俄京日本公使栗野氏唇舌尽弊，然露国政府听若不闻不啻，反以添兵矣。噫！

日露两国间大惨祸，终不免之。论其根因，则究竟何归乎？是足为东洋一大前辙也。

当时，日露两国各出师于满洲之际，露国但以西伯利亚铁道八十万军备输出，日本渡海越国[12]，四五军辎重粮饷水陆兼进，入送于辽河一带，虽有定算云，然苣（岂）不危险哉！

---

10 1898年康有为、梁启超等领导的变法自强运动（戊戌变法）虽然历时100多天失败，但其影响力深远。

11 清日战争后，开始反抗帝国主义列强的压迫，1900年代在中国山东各地将问题表面化，并扩展到北京、天津等地，展开了反帝国反清的排外运动。

12 指大韩帝国。

决非万全之策，真可谓浪战也。观其陆军之作路，则韩国各海口，与盛京金州湾等地下陆，则这间四五千里，水陆之困苦，不言可知也。

此时，日兵幸有连胜之利，然咸镜道犹未过，旅顺口姑不破，奉天尚未捷之际，若韩国官民间一致同声，乙未年日本人韩国明成皇后闵氏无故弑杀之仇，当此可报。飞檄四方，咸镜、平安两道之间，露国兵马交通，出其不意，往来冲突，清国亦上下协同，前日义和团时，行动如一，甲午年之旧仇，不可不报。北清一带，人民暴动，窥察虚实，攻其无备之说提出，盖平、辽阳方面游弋袭击，进战退守，则日兵大势南北分裂，腹背受敌，困在垓心之叹难免矣。

若到如此之境，则旅顺、奉天等地，露国将卒锐气腾腾，气势倍加，前遮后应，左冲右突，则日兵之势力首尾不及，辎重粮饷继续之策尤极罔涯矣。

然则山县[13]、乃木氏[14]之谋略，必作乌有之境矣。况

---

13 山县有朋(1838~1922)：1894~1895年清日战争时，作为日本第1军司令官立下了赫赫战功，继伊藤博文，历任了两届内阁总理大臣。

14 乃木希典(1849~1912)：清日战争时是日本陆军中将，作为第2师团长占领台湾后，成为台湾的总督。俄日战争时，成为陆军大将第3司令官，他牺牲几万大军，成功占领了旅顺，并进入奉天与俄罗斯交战。

当此之时，清国政府主权者等野心暴发，旧仇不可报酬，而时不可失也。所谓万国公法，于严正中立等说，皆是挽近外交家之狡猾巫术，则不足可道。兵不厌诈，出其不意，兵家妙算云云。官民一体，无名出师，排日之状态，极烈惨毒，则东洋全局百年风云当何如哉？若如此之境，欧洲列强可谓幸得好机会，各其争先出师矣。时英国当印度、香港等地，所驻水陆兵马并进，来集于威海卫方面，必以强劲手段，清国政府交涉质问矣。

法国西贡、加达马岛，陆军于军舰，一时皆挥会留于厦门等地矣。美德意奥葡希等国[15]，东洋巡洋舰队联合于渤海上，合同条约预备，均沾利益希望矣。

然则日本不得不全国军额于倾国财政，罔夜组织后，满韩等地直向输送矣。清国飞檄四方，满洲于山东、河南、荆襄等地，军旅及义勇兵急急召集，龙战虎斗之势一大风云做出矣。若如此之势，当之，则东洋之惨状不言可想也。此时韩、清两国，反不如是不啻，遵守约章，毫发不动，乃使日本伟大功勋建立于满洲之上。由此观之，则韩、清两国人士之开明程度，于东洋平和之希望的精神，

---

15 原文为义国，指比利时（白耳义）和意大利，当时拥有东洋舰队的国家是比利时，所以上下文指的是比利时。

于足可知矣。然则东洋一般有志家一大思量可诚后日也。伊时日露战役结局末判之际，媾和条约成立之前后[16]，韩、清两国有志人之许多所望大绝且断矣。当时日露两国之战势，论之则一自开仗以后，大小交锋数百次，露兵连连战败，伤心落胆，望风以走；日兵百战百胜，乘胜长驱，东近浦盐斯德，北临哈尔滨，事势到此不可失机也。

既是舞张之势，则虽荡尽全国之力，若一二个月间死力进攻，则东拔浦盐斯德，北破哈尔滨，明若观火之势矣。若然之，则露国之百年大计，一朝必作土崩瓦解之势矣。何故不此之为，反以区区密密先请媾和，而不成断草除根之策，可谓叹惜之处也。

况日露谈判论之，则既是媾和谈判之地，议定天下，何尝华盛顿可乎？[17]当日形势言之，美国虽中立而无偏僻之心云，然领禽兽竞争，犹有主客之势，况人种竞争乎！日本战胜之国，露国战败之国，则日本何不从我素志以定之矣？东洋足无可合之地然耶。小村外相苟且委往于数万里外，华盛顿和约结定之时，桦太岛半部入于罚款之事，容或无怪然，至于韩国添入于其中，名称优越权有之云，可

---

16 1905年9月4日缔结的《朴茨茅斯条约》。

17 实际上是在朴茨茅斯缔结的条约。

谓无据失当者。昔日《马关条约》之时[18]，本是韩国清国之属邦，故该约章中干涉必有矣。然韩、露两国间，初无关系，而何故挪入于约章中乎！

日本对于韩国，既有大欲，则何不自己手段自由自行，而如是添入于欧罗巴白人种之约章之中，以作永世之问题乎！都是没策之事也。且美国大统领已为仲裁之主，则若韩国处在于欧美之间，仲裁主必是大警（惊）小怪，以爱种之义万无应从之理矣。

且以狰狠手段笼络小村外相，但以若干海岛地段与破舷、铁道等残物排列赔偿，而巨额罚金全废矣。若此时日败露胜，谈判席间催于华盛顿，则对于日本征出赔偿，岂可如此略小乎？然则世事之公不公推此可知，而此无他故，昔日露国来侵西伐，行为痛憎，故欧美列强各自严正中立，相不救助矣。既是逢败于黄人种后，事过结局之地，岂无同种之谊哉？此人情世态自然之势也。噫！故不顾自然之形势，剥害同种邻邦者[19]，终为独夫之患，必不免矣[20]。

---

18 清日战争后伊藤博文与李鸿章在下关缔结的条约。

19 这里指日本。

20 安重根义士执笔於此，剩余内容未完成便于1910.3.26日被执行死刑

Notes —————————————————————————————————

·《听取书》是安重根义士被宣判死刑后，1910. 2. 17日，与旅顺高等法院长平石
氏人的面谈内容。

[针对地方法院的审判是否要提出上诉，前述被告人安重根在作出决定前，向典狱长提出有事呈报高等法院院长。于是，高等法院院长嘱托翻译官园木末喜与之会面。被告陈述如下：]

—— 本人对地方法院以被告杀人事件的判决不服，首先就此部分陈述如下。

—— 本人未曾与伊藤博文谋过面，此次之所以刺杀他，乃为国家采取的行动，绝非个人行为，故不应以杀人犯的身份处理。因此，地方法院的审判不当，本人不服。

—— 日韩五条（1905年的《保护条约》）及七条（1907年的《韩日协约》）协约并非韩国皇帝及韩国人民希望缔结的条

约，乃是日本以武力威压，强制缔结的。我们发起义兵来反对此条约，并刺杀了伊藤博文。本人若服从地方法院的此次判决，就等于同意上述协约，这一点也是不可接受的。

—— 本人为韩国作为义兵中将行动一事，日本人也是予以认可的。日本军队和警察承认此前安应七（安重根的字）是为了韩国在咸境北道及俄国境内行事的。此次刺杀行为亦属此一资格之所为，因此应以战俘的身份对待，按照《国际公法》与《万国公法》，在一个普通的地方法院进行审判甚为不当，是违反《日韩协约》的。假令本人服从此判决，各国将嘲笑日本是个野蛮国家。基于上述理由，本人不服此判决。

—— 伊藤作为统监来到韩国时，声明其所为的一切皆是为了韩国，但这只不过是为了应付各国的托词而已。其真实意图是完全相反的。仅举一例为证，所有的韩国人均认为参与缔结《日韩协约》的李完用之流狗彘不如，将其名字挂在嘴边都感到羞耻，亦将伊藤视为仇敌。如让伊藤活着，则只能危害东洋和平。本人相信，作为东洋一分子，清除如此恶人实乃义务，故将其杀死。因此，将本人作为普通的杀人犯来处理，是极大的错误。另外，将本人

说成是暴徒，也实在是令人愤慨之至。就这一点，本人亦表示不服。

— 伊藤的所作所为是为了中饱私囊，他是蒙蔽日本天皇的威德为非作歹的恶人。在此前的公审法庭上，检察官指控我谋杀了现今已非统监的伊藤是出于私怨，此种说法是错误的。伊藤在辞去统监之职后，依旧干涉我国内政，造成诸种问题。本人绝非出于私怨，亦非作为个人而杀死伊藤。

— 伊藤向世界吹嘘说，韩国举国上下，心悦诚服，这与事实完全不符，明眼人一定清楚实际情况如何。在此，仅举一例来说明，由于韩国先皇聪明睿智，伊藤难以恣意左右之，遂将先皇废黜，另立不如先皇的现今皇帝。韩国人民自开国以来，未曾侵略过他国，是不以武国而以文国之美誉著称的人民。然而伊藤侵略韩国人民，为实现自己的意图，杀害所有人才。让此种人活着，即是危害东洋和平。故此，本人是为了东洋之和平，将其清除于世，并非以个人身份完成此举。

— 本人已多次申明，日俄开战之时，日本天皇在《宣战

诏敕》中宣布"欲巩固韩国之独立"。另外,《日韩协约》中也有同样的文字。然而,伊藤废除了韩国的军部,将司法权收归日本,行政权也被收走。这些举动违反了其所宣称的韩国独立之类的承诺,保证韩国皇室的尊严也只不过是说说而已,内心却不是这样。在日俄战争中,数万日本青年丧失了生命,围绕签订《日韩协约》亦失去不少人的性命。

这都是伊藤的政策不当所造成的。清除此类歹徒,为何要受重大惩罚呢?这如同赦免大盗而严惩小贼一般,本人认为实属不当。

世人皆认为伊藤是20世纪的英雄或大人物,对其大加赞扬。在本人看来,他是个微不足道的小人物、奸恶之徒。例如在日清、日俄、日韩关系中,均因伊藤政策的失当,弹雨横飞,无一日终止暇。谚语云:"顺天者昌,逆天者亡"。《日俄宣战诏敕》宣布"欲巩固韩国之独立",此乃接受了天意,且为日本皇帝之圣意。开战之当时,无人认为日本会获胜。然而,日本之所以获胜,即由于遵循了顺天者昌的道理。伊藤执行违反了日本皇帝圣意的政策,故如今日,使日本韩国陷入困境。

— 本人理解伊藤不得不实行此政策的原因,即日本目前陷入财政异常困难之窘状,为弥补其亏空,对清、韩两

国推行了众所周知的政策。但此种政策是错误的，如同割去自身的肉来充饥一般，虽一时解决了饥饿，却不知带来了更大的痛苦，有识之士无人不讥笑伊藤的此项政策。日本在东洋的地位若以人体来比喻，恰如人头，故应汇总思考世情。然而伊藤之拙劣政策，不仅导致不懂国际局势的韩国人民，就连俄国，清朝和美国等国也在等待惩日之机的到来。如今如不悔改，必有横祸飞来。日本将对各国背负搅乱东洋和平的罪名。无论如何，日本要对东洋和平担负起责任。

—— 有句金玉良言"过则勿惮改"。本人如果是日本的责任人，对其应采取的政策持有一定的观点。念及在此陈述唯恐有碍，故暂不陈述。以上是我对东洋和平的形势发展的概述，也是澄清我的行为不构成犯罪的理由。

[高等法院院长问及被告所持有的政策]

—— 本人即陈述所持之政策意见。我的见解或许会被耻笑为愚见，但是，这绝非是近日一蹴即就，而是数年来酝酿而成的。如实施本人今天所阐述的政策，日本不仅能稳坐泰山，还能赢得各国至高无上的荣誉。正所谓欲

称霸则要施展不同寻常的手段，日本所采取的政策已很难适应20世纪，现在日本所采取的手段，无非是仿效古往今来列国一贯的伎俩，即击败弱国、吞并弱国而已。此举最终不能得以称霸，必须要实施列强各国未曾采取的行动。今日的日本正作为一等强国，欲与世界列强并肩迈进，但速成速愿乃日本之缺点，欲为日国，则需谨慎。

— 日本的当务之急是：第一，整顿财政。财政对人而言就是元气，扶植财政就是强化国家的元气。第二，取得各强国的信任。今日的日本没有得到诸强国的信赖。第三，如上所述，各国对日本欲伺机而动，因此必须思考应对方案。实现此三大要务的方法如何，我认为比较容易，唯一要做的就是洗心革面，不要任何形式的战争。第一步就在于改变伊藤的政策，伊藤的政策会致使日本失去全世界的信任，《日韩协约》一类的政策更是无法让人心悦诚服，反而会引起反抗心理，毫无可取之处。日清韩乃兄弟之国，本应亲密相处，可现如今的状况如同兄弟关系恶化，其中一个人寻求他人的帮助，向世界表明兄弟不和。

日本人向世界发布改变以往的政策，此举或许难免有蒙羞之嫌，但也是无奈之举。新的政策即开放旅顺，将其作为日清韩三国的军港，并将三国的有志之士会聚此地，

组建和平会，公布于世，以此来表明日本并没有野心。本人确信将旅顺归还清国，作为和平根据地是上策，也正是我所言的"欲称霸的不同寻常的手段"。掌控霸权需要非常的手段，归还旅顺会使日本感到痛苦，但也会得到利益。世界各国将会惊叹日本的英明决策，并赞赏并信任日本。日清韩三国也将永久和平幸福。就财政而言，旅顺的东洋和平会可招募会员，并向每名会员征收一元会费。毫无疑问，日本、清朝、韩国的人民会有数亿人加入和平会。如设置银行，发行共同货币的话，就一定能得到信任，使金融方面自然周转起来，在各个要地设置和平分会同时开设银行分店，这样才能圆满解决日本的金融问题，完善财政。

作为旅顺的警备，由日本派遣五六艘军舰驻守旅顺港。若采取如此举措归还旅顺，实际上与占有旅顺毫无差别。

— 以上方法可实现东洋和平，但为了应对列强各国必须要装备军队。即日清韩三国分别指派代理员承担此事，招募三国年轻力壮的青年组建军队。此后，让年轻士兵学习其它两国语言，在语言学习进步的同时，增强兄弟之国的观念。

若日本这样向世界展示日本的伟大态度，世界也会由

此惊叹，崇拜日本，并表示敬意。即便那些对日本怀有野心的国家，亦无可乘之机。如此一来，日本出口增加，财政盈余，安如泰山，与清、韩两国共享幸福，亦会对各国发挥示范作用。毫无疑问，清韩两国将推崇日本为盟主，工商业的霸权亦将毫无争议地归于日本，有关满铁的争议也会消失得无影无踪。如此一来，印度、泰国等亚洲各国也将纷纷积极申请加盟，日本便可坐等将东洋收入囊中。

— 目睹殷国将亡之时，各列国拥戴周天子，结果周国一统天下霸权。现在，世界各国列强均不能贸然行事。在拿破仑时代之前，都是从天主教教皇得到王冠继承王位的，唯独拿破仑破坏了此规则，但此后无一人能违规称霸。如上所述，日本若想掌握霸权，日、清、韩三国的皇帝要面见罗马的天主教（皇），起誓并接受王冠，世界将会惊异。目前天主教占据了世界宗教的三分之二。如果得到世界三分之二的民众的信任，其实力将会非常壮大。反之（日本）如果与之对抗，终将不能成为强国。

— 韩国掌握在日本手中，其命运完全取决于日本的方针。日本如贯彻本人所概述的政策，韩国也将从中受益。

— 尚有一事因日本而感到不胜慨叹。日俄战争时，人称日出露消，此时可谓日本的全盛时代。然而，今日的清、韩两国人民皆称日冷日异，此语是指日本出于衰微状态。日本若未特别注意推行的政策，将陷入无法恢复的困境，希望日本当局对此有所反省。

[高等法院的院长已明确告诫本人，法院仅将被告判为一名杀人犯，即使想听取被告的意见，也未能采取符合其意见的特别手续，这一点本人已深明其义。]

— 本人当初就想一死以报效国家，故今日更不会因恐惧死亡而提出上诉。但目前因本人正在狱中撰写东洋政策及个人传记，望将其完成。另外，洪神父（法国人，洪锡九）欲从韩国来见本人，希望能得到此次探望的机会。三月二十五日对于本人所信奉的天主教来说，也是具有纪念意义的一个日子，恳请处刑缓期执行。

记录如上！
明治四十三年二月十七日于
关东都督府高等法院
记录员 竹内静卫

동양평화론 원문

東洋平和論序

夫合成散敗萬古常定之理也、現今世界東西分球、
人種各殊、互相競爭、如行茶飯、研究利器、甚於農商、
新發明電氣砲飛行船、浸水艇皆是傷人害物之機、
械也、訓鍊青年驅入于戰役之場、無數貴重生靈、棄
如犧牲、血川肉地、無日不絕、好生厭死、人皆常情、清
明世界是何光景、言念及此骨寒心冷、究其末本則、
自古東洋民族但務文學而謹守自邦而已、都無侵
奪歐洲寸土尺地五大洲上、人獸草木、所共知者
而挽近數百年以來、歐洲列邦頓忘道德之心、日事
武力、養成競爭之心、小無忌憚中、俄國尤極甚焉、其
暴行殘害、西歐東亞、無處不及、惡盈罪溢、神人共怒

東洋平和論

白人種之先鋒、一鼓大破、可謂千古稀罕事業萬邦
紀念表賀也、時、韓請兩國有志家不謀以同樣者不
自勝者、日本政界、顺序就緒東西球天地肇判後第
一等魁傑之大事業快建之樣、自度矣、嘆、千々萬々
料外勝慕凱旋之後、最近最親仁弱同種韓国勒壓
定約滿洲長春以南、托借其居坡世界一般人腦疑
雲忽起、日本之偉大聲名正大功勳、一朝麥遷尤甚
於蟄行之露国也、鳴呼以龍虎之威勢豈作蛇猫之
行動乎、如此、雖達之好期會更未、何得、何惜、可痛也
王於東洋平和、韓国独立之句諮已経過於天下萬
国人之耳目、信如金石、韓請兩国人揮章於肝腦者
矣、如此之文字思想、雖天神之能力、卒難消滅况一

故天賜一期使東海中小島日本、如此強大之露國
一拳打倒於滿洲大陸之上就能度量乎此順天
得地、應人之理也當此之時若韓清兩國人民上下
一致欲報前日之仇讎、排日助俄則、無大捷、豈能足
纂哉然而韓清兩國人民、考無如此之行動不啻又
以歡迎日兵、運輸沿道、偵探莘事、忘勞專力者、何故、
有二大件事、日露開戰之時日　皇宣戰書束洋平
和由持大韓獨立、肇國云、如此大義勝於青天白日
之光線故韓清人士、勿論智愚、一致同心感和服從
者、一也況日露開伏可謂黃白人種之競爭故前日
仇讎心情、一朝消散、又成一大愛種黨此亦人情之
順序矣、可謂合理之一也、快哉壯哉、數百年未行惡、

一千九百十年庚戌二月
大韓國人安重根書于旅順獄中

3

二個人智謀豈能抹殺耶、現今西勢東漸之禍患東
洋人種一致團結、極力防禦可為才一上策、難尺童
瞭知者也、而何故、日本、如此順然之勢其勢不顧同
種隣邦剝割、友誼頓絕自作蚌鷸之勢、若待漢人耶
韓清兩國人之、所望大絕且斷矢、若政略、不致逼迫
日甚則、不得已寧亡於異族、不忍受辱於同種、誠諦
弱出於韓清兩國人之、脣齒上下一體、自為白人之
前驅明若觀火之勢矣然則惡束寮侵毒黃人種中
許多有志家慷慨男兒、豈肯袖午傍觀坐待束洋一
屠之窪死惨状可哀故束洋平和義戰開伏於哈雨
賓談扰席定于旅順口後束洋平和問題、意見、提出、
諸公眼深審察哉

東洋平和論　　　　　安重根著

前鑑

自古及今、無論東西南北之洲、難測者大勢之翻覆也、不知者人心之變遷也、向者（甲午）年日清戰役論之則、其時朝鮮國鼠竊輩東學黨之騷擾因緣、清日兩國動兵渡來、無端開戰、互相衝突、日勝清敗乘勝長驅、遼東半部兵鎮要險、旅順陷落、黃海艦隊擊破後、馬關談判、開設、條約締結、臺灣一島、割讓二億賠金、定欵、此謂日本維新後、一大紀蹟也、清國物重地大、比於日本、足可為數十倍而、何故如是見敗耶、自古清國人、自稱中華大國、外邦謂之東狄、驕傲極甚、

1.

東洋平和論　目録

来侵天津以後、關東各鎮、新式兵馬、多大設備故、不
敢生心、但流涎不息久待期会矣、伊時、遼中其業也、
當此時、日本人具眼有志者、就不腸肚盡裂惑、然究
其理由則此都是日本之過失也、此所謂有孔生風
自伐以後、他人伐之、若、日本不先侵犯于清國則露
國安敢如是行動耶、可謂自斧傷足矣、自此以後、中
原一同各般社会言論沸騰故、戊戌改變、自然釀成
義和團猖起、桃日尓淬之禍大熾故、八國聯合軍雲
集于渤海之上、天津陷落北京侵入、清帝搬遷于
西安府、軍民周傷害王於數百餘萬人、金銀財貨之
損害不計其敷、如此之慘禍世界上、宰有之、都会衆
淫一大羞恥、不唯將来、養育人種、分裂爭競不息之

況權臣戚族、擅秉國權、臣民、繫譽上下、不和、故、如是
逢辱者也、日本維新以來、民族、不睦、競爭不息矣、及
其外交競爭、既生之後、同室操戈之變、一朝和解混
成聯合、作成一塊憂國畫故、如是羨凱者矣、此所謂
親切之外人、不如競爭之兄弟也、此時露國行動記
曠哉、當日、東洋艦隊組織、法德兩國聯合、橫濱海上
大抗論撰出、遼東半島還付於清國、賠金除減、觀其
外面的舉措、可謂天下之公法、正義然、究其內容則、
甚於伟狼之心術也、不過數年敏滑手段、旅順口、租
借後、軍港擴張、鐵道建築、推想事根則、露人、數十年
以來、奉天以南大連旅順牛莊等地、溫港一屬勤取
之慾、如火如潮、然莫敢下手者、清國、一目英法兩國、

尚未捷之際、若韓國官民頂一致同聲、糺集日本人

韓國明聖皇后閔氏無故弑殺之仇讐當此可報

飛檄四方咸鏡平安兩道之間、露國兵馬交通、出其

不意、往來衝突、靖國亦上下協同、前日姜和團時行

勤如一轉、年之旧讐、不可不報北請一帶、人民暴勤

窺察虛實、攻其無備之誠、提出、蓋平壤陽方面遊戈

襲擊進戰退守、則、到如此之境、則、旅順奉天等地

左埈心之歟、若日兵大勢南北分裂腹背要敵困

露國將卒、銳氣曉々、氣勢倍加、前遮後應、左衝右突

則、日兵之勢力、首尾不及、輜重粮拘絕續之策尤極

困誰矣、然則、山縣乃木氏之謀畧、必作為有之境矣

況當此之時、清國政府、主權者等、野心暴發、蠢蠢不

始兆也、豈不甚可歎哉、此時露國軍隊十一萬猝地鐵

道保護駐屯於滿洲境上、終不撤還故駐俄京日本

公使栗野氏屢舌盡弊然、露國政府聽若不聞不應、

又以誅兵矣、曉日露兩國間、大慘禍終不免之、論其

根因則究竟何歸乎、是足為東洋一大前轍也、當時

歸露兩國各出師於滿洲之際露國但以西伯利亞鐵

八十萬軍僅輸出、日本渡海越國、四五軍輜重狼籍

水陸兼進、入送于遼河一帶雖有定算云然、豈不危

險哉決非萬金之策真可謂浪戰也、觀其陸軍之作

路則韓國各海口與盡乘金州灣等地下陸則這閒作

四五千里、水陸之困苦、不言可知也、巧時、日兵幸

有連勝之利、然感鏡道猶未過、旅順口、姑不破奉天

215

飛檄四方、滿洲與山東河南荊襄等地、軍旅及義勇
兵急々召集龍戰虎鬬之勢、一大風雲、做出矣、若如
此之勢當之別事详之惨状、不言可想也、此時韓清
兩國反不如是、不唯導守約章、毫髮不動、邪使日本、
偉大功勳建立于滿洲之上、由此觀之別、韓清兩國
人士之開明程度、與東洋平和之希望的、精神於尼
可知矣、然則東洋一般有志家、一大思量可誠於日
世伊時、日露戰役結局末判之際、媾和條約成立之
前後韓清兩國有志人之、許多所望、大絕且斷矣、當
時日露兩國之戰勢論之則、一自開伏以後、大小定
鋒數百次、露兵連敗膽望風坡走、日兵百戰
百勝、乘勝長驅束近诵塩斯德北臨哈爾賓事勢到

可報酬而、時不可失也、而謂萬國公法、惟嚴正中立

等說者是挽近外交家之狡獪詭術則不足可道、兵

不厭詐出其不意、兵家妙算云之、官民一體毛

紅出師、排日之狀態、極烈慘毒則東洋全局百年風毛

雲、書何如哉若如此之境歐洲列強可謂車得好樣

会各其爭先出師矣、時英國者卯友香港等地、而駐

水陸兵馬莽進未集于威海衛方面必以強勁手段

清國政府文誥貲問矣、法国西貢加速馬島陸軍與

軍艦一時揮會雲於廈門等地矣、美德義澳葡希

尋国戌東洋巡洋艦隊、縣合于渤海上、合同條約預希

佛、均需州益、希望矣然則日本、不得不全国军额兵

俠國財政、困夜组织後满韓等地、直向輸送矣请国

韓國添入于其中、名稱優越權有之云、可謂無擾失

者看昔日、馬關条約之時、本是韓國清國之屬邦故、

談約的章中于海少有矣、然韓露兩國間亦無關係而、

何故、挪入於談約章中乎日本、對於韓國既有大惣

則、何不自己手段、自由自行而、如是添入于欧羅巴

白人種之約章之中、以作永世之問題乎、都是没策

之事也且美國大統領、乙伯仲裁之主則、若韓國處

在於欧美之間、仲裁主、必是大警小怪、以愛種之裹

萬無應従之理矣旦以獨猾手段、籠絡州村外相、但

以君于海島、地段與破舩鐵道業、殘物排列賠償而

鉅額罰金、全廢矣若此時日敗露勝談判席、開催於

華盛頓則、對於日本徵出賠償豈可如此畧小乎然

218

此不同失機也既是舞張之勢則雖蕩盡全國之力
若一二個月間死力進攻則東援浦鹽斯德、北略兩
實明若觀火之勢矣若然之則露國之百年大計
朝、忽作土崩瓦解之勢矣何故、不此之為交以區々
窃々先請媾和、而不成斬草除根之策可謂歎惜之
處也況日露談判論之則既是媾和談判之地議定
天下何何嘗蓋頃可乎、当日形勢言之美國雖曰中
主而無偏僻之心云、然禽獸競爭猶有主客之勢況
人種競爭乎、日本戰勝之國、露國戰敗之國則日本、
何不從我素志以定之矣束洋豈無可合之地然耶
小村外相苟且奔往于數萬里外華盛頃和約結定
之時樺太島半部入于罰斂之事容或無怪然至於

則、世事之公不公、推此可知、取、此、無他故、昔日露闔、
東侵西伐、行為痛憎故、致吳列張、名白嚴正中立、相
不救助矣、既是逢敗於黄人種後、事邅綍局之地、豈
無同種之誼哉、此、人情世態、自然之勢也、嘖、故不顧
自然之刑勢、剝害同種鄰邦者、終為獨夫之患、必不
免矣、

청취서 원문

Appendix II

聴取書

　　　　　　殺人犯被告人　安重根

右殺人犯被告人安重根ヲ訊問ス即チ
デス荒シ今回ノ裁判ニ被ストモ即ケ

（以下、手書きの縦書き文書。判読困難）

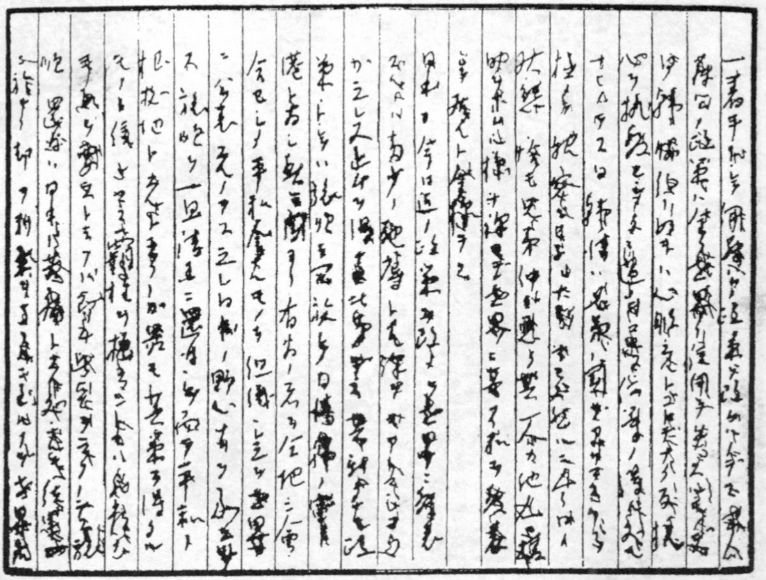

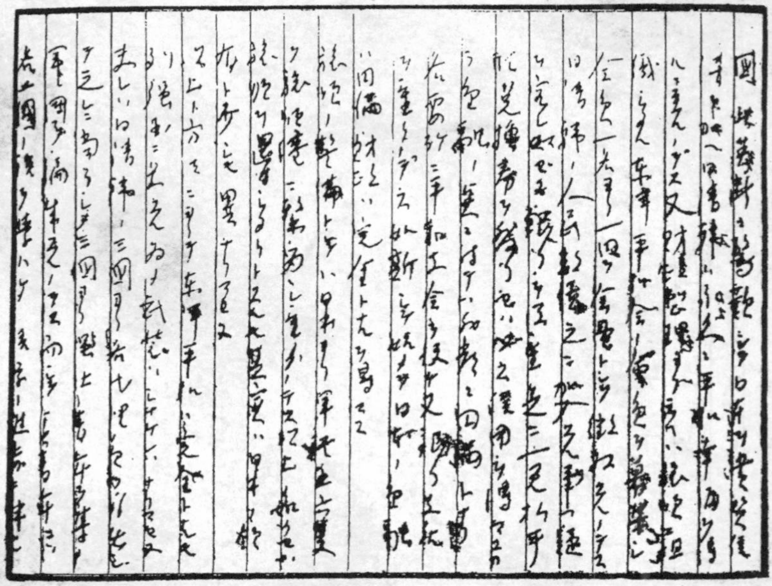